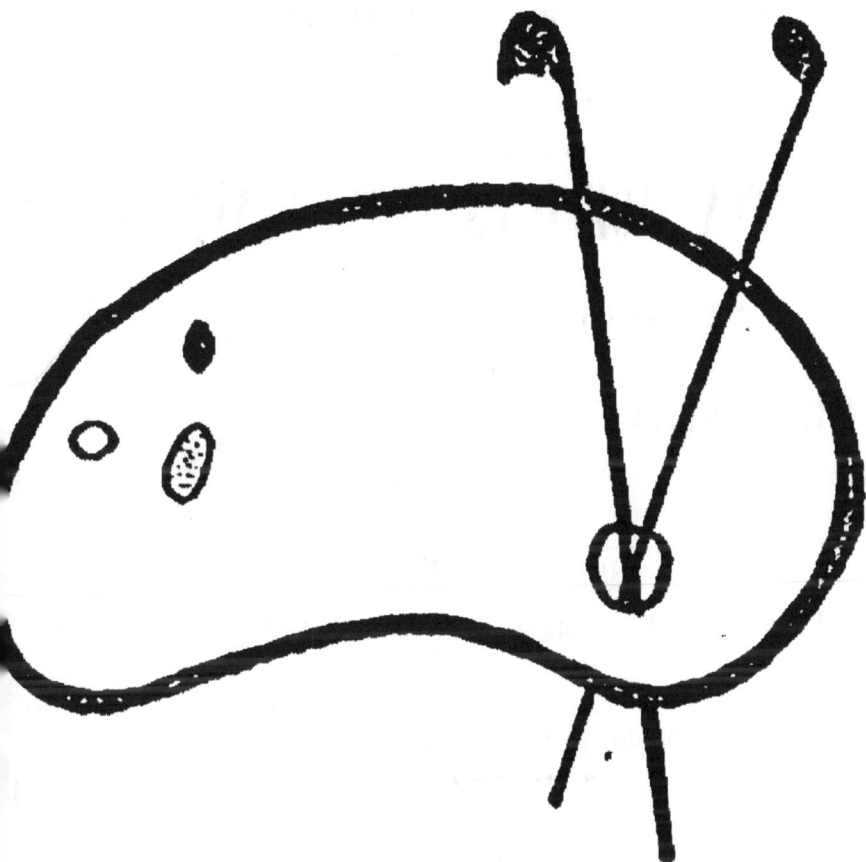

DEBUT D'UNE SERIE DE DOCUMENTS
EN COULEUR

FACULTÉ DE DROIT DE POITIERS

DROIT ROMAIN

DE LA

QUERELA INOFFICIOSI TESTAMENTI

DROIT FRANÇAIS

DE LA

PROPRIÉTÉ INDUSTRIELLE

AU POINT DE VUE INTERNATIONAL

THÈSE POUR LE DOCTORAT

Présentée et soutenue le 2 juillet 1889

PAR

Emmanuel DELHUMEAU

Avocat à la cour d'appel

POITIERS

IMPRIMERIE BLAIS, ROY ET Cie

7, RUE VICTOR-HUGO, 7

1889

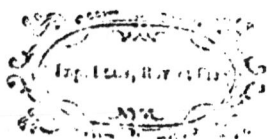

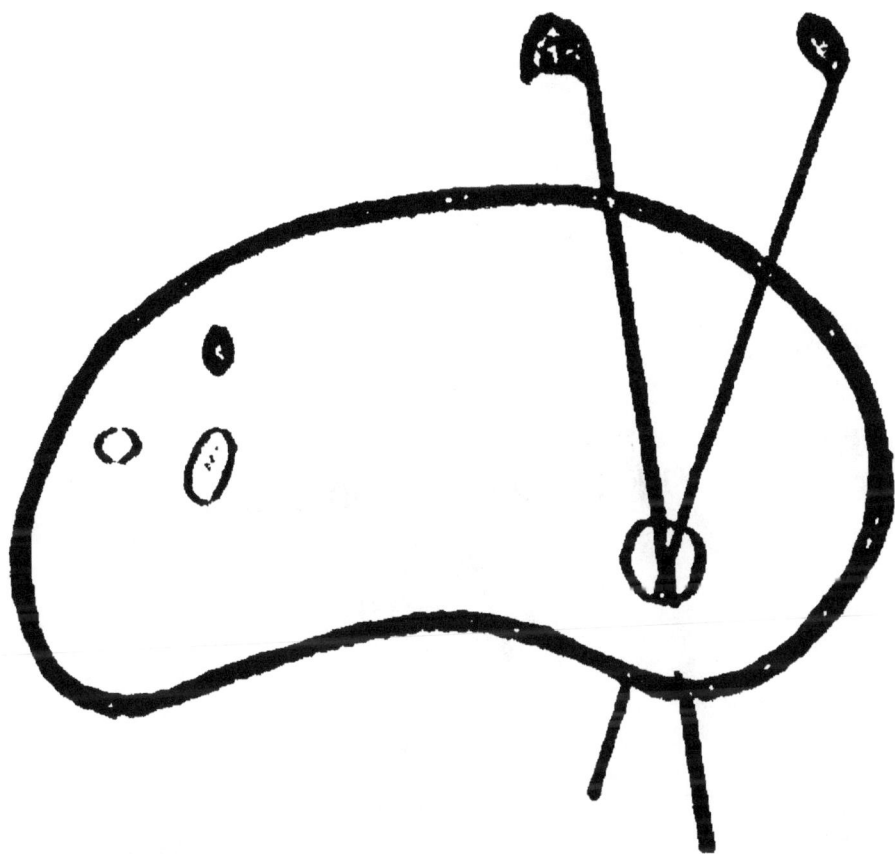

FIN D'UNE SÉRIE DE DOCUMENTS
EN COULEUR

THÈSE POUR LE DOCTORAT

FACULTÉ DE DROIT DE POITIERS

DROIT ROMAIN

DE LA

QUERELA INOFFICIOSI TESTAMENTI

DROIT FRANÇAIS

DE LA

PROPRIÉTÉ INDUSTRIELLE

AU POINT DE VUE INTERNATIONAL

THÈSE POUR LE DOCTORAT

Présentée et soutenue le 2 juillet 1889

PAR

Emmanuel DELHUMEAU

AVOCAT A LA COUR D'APPEL

POITIERS

IMPRIMERIE BLAIS, ROY ET Cie

7, RUE VICTOR-HUGO, 7

—

1889

FACULTÉ DE DROIT DE POITIERS

MM. Thézard (✤ I.), Doyen, professeur de Code civil.

Ducrocq (✳ ✤ I.), Doyen honoraire, professeur honoraire, correspondant de l'Institut.

Arnault de La Ménardière (✤ I.), professeur de Code civil.

Le Courtois (✤ I.), professeur de Code civil.

Normand (✤ I.), professeur de Droit criminel.

Parenteau-Dubeugnon (✤ A.), professeur de Procédure civile.

Arthuys (✤ I.), professeur de Droit commercial.

Bonnet (✤ A.), professeur de Droit romain.

Petit (✤ A.), professeur de Droit romain.

Barrilleau (✤ A.), professeur de Droit administratif.

Brissonnet (✤ A.), professeur-adjoint, chargé du cours d'Économie politique.

Surville, agrégé, chargé du cours de Droit international privé.

Didier, agrégé, chargé du cours d'Histoire générale du droit français.

M. Coulon (✤ I.), secrétaire, agent comptable.

COMMISSION

Président : M. Arnault de La Ménardière, professeur.

Suffragants : { MM. Arthuys, professeur.
Petit, professeur.
Surville, agrégé.

DROIT ROMAIN

DE

QUERELA INOFFICIOSI TESTAMENTI

(Digeste, lib. V, t. 2; — Code, lib. III, t. 28; Nov., 115, cap. 3 à 5)

CHAPITRE PREMIER

ORIGINE, NATURE ET CARACTÈRE DE LA QUERELA INOFFICIOSI TESTAMENTI

SECTION 1

ORIGINE

Envisagé au point de vue du droit de disposition du *pater familias* sur son patrimoine, le Droit romain présente trois phases successives.

Dans une première période, apparaît la liberté de tester, tempérée d'abord par l'intervention du peuple et des pontifes, dans les antiques comices par curies, puis souveraine par suite de la disparition du formalisme primitif.

A une deuxième époque, principalement sous l'influence de la philosophie grecque, qui de bonne heure s'était répandue à Rome, nous trouvons une première restriction au pouvoir absolu de disposition, dans la nécessité de l'institution ou de l'exhérédation.

Mais cette première réforme est impuissante à réaliser le but qui l'avait inspirée, et les droits des proches parents ne sont réellement sauvegardés que dans une troisième période, par l'établissement de la plainte d'inofficiosité. C'est cette dernière institution que nous nous proposons d'étudier.

PREMIÈRE PÉRIODE
Liberté de tester écrite dans la loi des XII Tables.

La plupart des savants qui ont recherché les origines du droit successoral des Romains sont arrivés à cette conclusion que les Latins, et, avant eux, les peuples d'où ils descendaient eux-mêmes, ne connurent tout d'abord, pour la transmission des biens de père en fils, d'autre mode que la succession *ab intestat*. (Fustel de Coulanges, *La cité antique*, liv. II, ch. 7, 5°. — Henri Sumner Maine, *L'ancien droit*, pp. 186 et suiv.) (1).

(1) *Voir* aussi Viollet, *Précis de l'histoire du Droit français*, pp. 701 et 741.

Ce qui confirmerait le plus dans cette opinion serait, croyons-nous, l'étude de l'organisation primordiale de la famille romaine, au point de vue de la copropriété du patrimoine entre ses différents membres.

Mais ce ne sont guère là que des probabilités, des inductions d'historiens, et quelque vraisemblables que de telles conclusions puissent nous paraître, nous ne saurions y trouver les éléments d'une théorie positive.

En effet, la loi des XII Tables est le document le plus ancien qui puisse, en cette matière, être sérieusement invoqué, et cette loi nous met tout d'abord en présence de la succession testamentaire. Elle autorise le *pater-familias* à régler lui-même, pour le jour où il cessera d'exister, la dévolution de ses biens : « *Pater familias, uti legassit super pecunia tutelave suæ rei, ita jus esto.* »

La loi des XII Tables instituait donc la liberté de tester, et donnait au testament la préférence sur tout autre mode de transmission des biens ; c'est seulement à défaut de testament qu'elle réglait elle-même cette transmission, d'après l'ancienne coutume, en appelant les membres de la famille civile à recueillir la succession.

Cependant, il faut le reconnaître, la constitution sociale de Rome, telle qu'elle existait dans le principe, renfermait en elle-même le remède aux dangers

qui, dans la pratique, auraient pu résulter, pour les
parents du testateur, de la liberté de disposition. La
propriété avait été, à l'origine, une concession de
l'État, et les *sacra privata*, rigoureusement observés,
étaient l'objet d'une surveillance jalouse de la part
des pontifes. « L'aristocratique et religieuse cité,
qui se croyait intéressée à une certaine répartition
des fortunes, ne pouvait négliger d'intervenir dans
la transmission des patrimoines et des cultes (1). »
Cela nous dit assez que les comices par curies, réunis
deux fois l'an pour donner force de loi à la volonté
des testateurs, devaient se refuser à le faire, quand
elle méconnaissait les droits dus à la parenté. Aussi
les abus ne prirent-ils naissance, comme nous allons
le voir, que quand la volonté du disposant, affranchie
de tout formalisme, put se donner libre carrière.

Tout d'abord, à côté des formes du testament *cala-
tis comitiis* et *in procinctu*, s'établit parallèlement la
forme *per æs et libram*, dans laquelle l'institué lui-
même jouait le rôle de *familiæ emptor*, et la cité
était représentée par un *libripens* et cinq citoyens romains. (Gaïus, II, 102.) A cette époque, la
crainte de la critique de l'opinion publique, et surtout de la colère et de la persécution des parents
déçus dans leurs espérances, devait encore empêcher
un testateur de disposer au profit d'un étranger sans
motifs sérieux.

(1) Accarias, tome I, p. 798

Mais bientôt, le *familiæ emptor* ne fut plus qu'un personnage fictif ; dans la solennité de la *mancipatio*, il se portait acquéreur non plus pour lui-même, mais pour le compte de celui ou de ceux que le testateur avait désignés dans des tablettes préparées à l'avance et tenues secrètes. Alors, le danger des exhérédations injustes n'eut plus dans les formes de l'acte le correctif que lui donnait jadis la publicité de cet acte : un simple changement dans la forme avait suffi pour entraîner un changement dans le fond du Droit. « C'est ainsi que la forme, tenant lieu parfois de dispositions du droit matérielles, des changements profonds dans la forme, amènent forcément un changement dans le fond même du Droit (1). »

Désormais, la fameuse formule : « *Uti legassit ita jus esto* » pouvait s'appliquer dans toute sa rigueur, et venait renforcer le *jus vitæ necisque* résultant de la *patria potestas*.

DEUXIÈME PÉRIODE
Nécessité de l'institution ou de l'exhérédation

Le droit de disposition, ainsi dégagé de toute entrave, engendra promptement des abus, et fut la source de nombreuses iniquités. Il permit à certains parents dénaturés de priver leurs enfants de leur patrimoine, alors même que ceux-ci étaient restés

---

(1) Von Ihering, *Esprit du Droit romain*, p. 185, tome III.

dignes de leur affection. La loi des XII Tables, qui
donnait force de loi à leur volonté bonne ou mauvaise, devint, en pareil cas, la consécration d'un arbitraire odieux.

Le droit naturel commande impérieusement que
l'hérédité du père aille aux enfants ; en leur donnant
l'existence, celui-ci contracte en effet l'obligation de
leur communiquer, selon ses moyens, de quoi la
soutenir. Mais ce principe, aujourd'hui universellement reconnu, échappa alors à l'esprit des jurisconsultes. Aussi, quand, frappés des résultats iniques
qu'entraînait la liberté de tester, ils voulurent y apporter des tempéraments, furent-ils guidés par une
autre idée que celle des devoirs résultant de la parenté.

Nous avons déjà parlé de cette antique conception
qui faisait du patrimoine la propriété commune des
divers membres de la famille, parce que tous avaient
contribué à l'acquérir. Ce fut elle qui inspira tout
d'abord les Prudents. Ils en déduisirent cette conséquence que le *pater familias* ne pouvait ôter sa succession à ses enfants, s'il ne prenait au moins la
peine de déclarer formellement, espérant sans doute
que celui-ci, obligé de se prononcer sur le sort de
chacun d'eux, reculerait désormais devant une exhérédation inique et réprouvée par sa conscience.
Vain espoir! Les exhérédations injustifiées devinrent
fréquentes, ainsi que nous le montre Gaius : « Quod

plerumque faciunt, maligne circa sanguinem suum inferentes judicium, novercalibus delinimentis instigationibusve corrupti. » (*Dig.* l. 4, *De inoff. test.,* lib. V, t. 2.) D'où la nécessité de la réforme plus efficace résultant de la querelle d'inofficiosité.

Nous devons insister davantage sur ce sujet, et indiquer dans quelles formes devait se produire l'exhérédation pour être valable, à quelles personnes elle s'appliquait, car l'exhérédation ou l'omission de l'héritier *ab intestat* est la condition primordiale de toute plainte d'inofficiosité, nul ne pouvant attaquer un testament par cette voie, s'il n'a été exhérédé ou omis.

Comme l'institution, dont elle était la contre-partie, l'exhérédation devait être faite en termes impératifs : *Titius exheres esto.* Ensuite, il fallait qu'aucun doute ne pût s'élever sur la personnalité de l'exhérédé ; c'est pourquoi elle devait aussi être faite nominativement, *nominatim*. Toutefois, lorsqu'il s'agissait de filles ou de descendants au delà du premier degré, l'exhérédation pouvait être faite sans désignation personnelle, *inter cæteros*, par cette formule vague : *cæteri exheredes sunto.* (Gaius, II, 127 et 128.)

Si le *pater familias* avait le droit d'exhéréder les héritiers siens, il n'avait pas celui de les omettre. L'omission pouvant n'être pas volontaire, il était impossible de l'assimiler à l'exhérédation, et l'omission volontaire fut prévenue par l'obligation imposée

au testateur d'exhéréder en termes formels ceux
qu'il ne voulait pas instituer,

L'omission d'un descendant *primo gradu* (*filius*)
entraînait la nullité du testament qui, dans ce cas,
était considéré comme *injustum*, c'est-à-dire contraire aux règles du droit, tandis que celle d'un autre descendant, par exemple d'une *filia* ou d'un *nepos*,
le laissait subsister. Seulement, l'héritier omis
était alors réputé institué dans une certaine mesure,
qui variait suivant qu'il se trouvait en présence d'institués *sui* ou d'institués *extranei*. C'était là ce qu'on
appelait le *jus accrescendi*. (Gaius, II, 124.)

Telle était la théorie de l'exhérédation d'après le
droit civil, et elle ne s'appliquait qu'aux enfants in-
vestis de la qualité de *sui heredes* au jour de la confection du testament.

Le préteur la développa, en exigeant de plus l'institution ou l'exhérédation de tous les descendants
dont la filiation résultait des *justæ nuptiæ per masculos*. Quant à la forme de l'exhérédation, les femmes seules peuvent encore être exhérédées *inter cæteros*; tous les mâles, quelque soit leur degré, doivent
être exhérédés *nominatim*. Comme sanction de ces
nouvelles dispositions, le préteur donne aux descendants omis ou irrégulièrement exhérédés la *bonorum
possessio contra tabulas*.

Enfin, Justinien, en ce qui concerne les personnes
à instituer ou à exhéréder, consacre le droit préto-

rien. La forme de l'exhérédation *nominatim* est étendue à tous les descendants sans distinction de sexe
ou de degré, et l'irrégularité dans la forme emporte
nullité immédiate et définitive.

TROISIÈME PÉRIODE

Querela inofficiosi testamenti.

Nous venons de voir que la réforme résultant de
la nécessité de l'institution ou de l'exhérédation
fut impuissante à assurer les droits des enfants contre la liberté de tester. Elle se bornait, en effet, à
exiger du *pater familias* une formalité matérielle
facile à remplir.

Un second remède, cette fois vraiment efficace,
consista dans l'établissement de la *querela inofficiosi
testamenti*.

A cette troisième époque, on voit apparaître cette
idée nouvelle, que le père de famille a envers ses plus
proches parents des devoirs tenant à la parenté, et
on considère que ces devoirs lui prescrivent de leur
laisser une partie de sa fortune. Ils sont désignés
sous le nom d'*officium pietatis*. Le testament dans
lequel ils ont été méconnus est dit inofficieux, c'est-
à-dire *contra officium pietatis factum*, et peut être
attaqué par la *querela inofficiosi testamenti*.

Des doutes se sont élevés sur l'origine de cette
action. D'après l'*inscriptio* d'un fragment de Gaius

(Loi 4, *De inoff. test.*), Cujas la faisait dériver d'une *lex Glitia*, dont le texte n'est point parvenu jusqu'à nous. Pour notre compte, nous pensons, avec la grande majorité des interprètes, qu'il faut chercher ailleurs l'origine de la plainte d'inofficiosité.

Suivant nous, la théorie de la *querela*, comme celle de l'exhérédation qui la précéda, et plusieurs autres très importantes, est d'origine coutumière. Son élaboration eut lieu fort probablement dans ces conciliabules juridiques, que les jurisconsultes avaient l'habitude de tenir près du temple d'Apollon, et on sait qu'à l'origine les *sententiæ et opiniones* des Prudents, si elles n'avaient pas encore force de loi, si elles ne créaient pas directement le droit, arrivaient cependant à ce résultat d'une façon indirecte, en déterminant la formation de coutumes.

Cette opinion est bien conforme à l'esprit du texte des *Institutes* (pr., lib. II, t. 18) : « Inductum est ut de inofficioso testamento agere possint liberi qui queruntur aut inique se exheredatos, aut inique se præteritos. » Ce langage timide des *Institutes* serait inexplicable, si la *querela* avait été établie par une loi, et on n'aurait pas senti le besoin de recourir à un détour, d'imaginer un prétexte (*color*) pour faire échec au droit écrit dans la loi des XII Tables : « Hoc colore, quasi non sanæ mentis fuerunt, cum testamentum ordinarent. » (*Institutes, ibidem.*)

On conçoit aisément, en effet, qu'en présence d'un

principe aussi formellement entré dans les institutions que l'était la liberté de tester dans les premiers temps du Droit romain, il eût été difficile d'établir directement la querelle d'inofficiosité. Aussi, les Prudents, quand un testament blessait par trop les préceptes de l'équité et du droit naturel, eurent-ils recours à leur procédé ordinaire, qui consistait à chercher des détours, afin de ne pas trop heurter de front le droit civil. Ils feignaient donc d'y voir l'œuvre d'un disposant dont les facultés mentales n'étaient pas intactes, et ils lui retiraient après coup la *factio testamenti :* « Quum contrà testamentum, ut inofficiosum judicatur, testamenti factionem habuisse defunctus non creditur. » (L. 17; § 1, *De inoff. test.*) Ce motif ne doit pas nous étonner, car, en Droit romain, la *factio testamenti* apparaît comme un privilège réservé seulement à certains propriétaires.

C'était bien là une subtilité des Prudents, un simple prétexte, puisque la folie du testateur annule de plein droit le testament tout entier, tandis que la querelle d'inofficiosité peut ne pas le faire tomber, ou n'être une cause de rescision que *parte in quâ*. (LL. 2, 5 et 17, § 1, *De inoff. test.*)

Ce que nous venons de dire expliquerait aussi pourquoi, à l'origine, la *querela inofficiosi testamenti* ne fut pas une action entièrement nouvelle. On peut la considérer tout d'abord comme une extension de la pétition d'hérédité. La *querela* conserva donc la

forme de la pétition d'hérédité, et cependant ce fut
une des plus profondes innovations qui se produi-
sirent dans la législation successorale des Romains.

La *querela*, sorte de pétition d'hérédité, rentrait
à ce titre dans la compétence du tribunal des centumvirs (L. 17 pr. *De inoff. test.* — L. 12 pr., au Code,
De petit hered., lib. III, t. 31). Dans le principe, ces
magistrats résolvaient arbitrairement les questions
suivantes : 1° les parents oubliés sont-ils assez
proches pour pouvoir se plaindre ; 2° les plaignants
ne se sont-ils pas rendus indignes des devoirs résultant de la parenté ; 3° si le testateur leur a laissé
quelque chose, cela est-il suffisant pour satisfaire
l'*officium pietatis?* — Sur tous ces points s'établit
peu à peu, dans la suite, une jurisprudence constante.

Il est impossible de déterminer exactement à
quelle époque s'introduisit la *querela*, mais on peut
constater qu'elle existait dans la pratique vers la fin
de la République. Nous en trouvons la trace dans
Cicéron, 2° action *in Verrem*, I, 42, et *pro Roscio Ame-
rino*, 19. Cet orateur, dans ces deux passages, nous
fait un tableau très topique des mœurs de son temps,
flétrissant sévèrement le père de famille qui exhéré-
dait injustement ses enfants, alors que cette exhérédation était pour eux la privation du culte même
des ancêtres.

SECTION II

NATURE DE LA QUERELA

La *querela* doit être considérée comme une véritable réaction contre les abus que la liberté de tester devait nécessairement entraîner dans la pratique. A ce point de vue, elle présente de l'analogie avec l'exhérédation. Cependant, ce sont là, au fond, deux nstitutions profondément différentes.

La théorie de l'exhérédation repose, nous l'avons vu, sur l'idée de la copropriété de la famille, quoiqu'on ne puisse s'empêcher de reconnaître qu'il y a antinomie entre les résultats auxquels elle aboutit et le principe qui lui sert de fondement (1).

La *querela* trouve sa base dans la parenté civile et la parenté naturelle; elle procède donc d'une idée plus large que sa devancière, ce qui nous explique pourquoi, de nos jours, l'exhérédation a disparu, tandis que la *querela* a été pour quelque chose dans l'établissement de notre réserve.

En ne faisant guère qu'imposer une formalité de plus à l'exercice du droit de disposition, l'exhérédation ne protégeait pas d'une manière efficace les descendants du testateur, tandis que la *querela*, qui

---

(1) Cette antinomie n'avait point échappé au jurisconsulte Paul, comme on peut le voir dans la loi 11 *in fine, De lib. et posth.*

faisait tomber le testament, dans la plupart des cas tout au moins, et donnait ouverture à la succession *ab intestat*, assurait réellement les droits des plus proches parents.

A un autre point de vue, la *querela* participe de l'action *injuriarum*. Un des motifs qui dirigeait l'action du *querelans* était de faire rejeter comme immérité le déshonneur que son parent lui avait infligé, en ne lui laissant pas ce qui devait lui revenir, ou en lui laissant quelque chose d'insignifiant, et elle se résolvait en un blâme sévère contre le défunt, dont le juge refusait d'écouter les dernières volontés. Quand nous parlerons des modes d'extinction de cette action, nous aurons encore à accuser d'autres points de ressemblance entre elle et l'action *injuriarum*.

Enfin, nous avons dit que la *querela* était une pétition d'hérédité, et dès lors une action réelle. Nulle part, en effet, on ne voit dans les textes qu'il y ait deux procès intentés, l'un en inofficiosité, l'autre en revendication d'hérédité. Il existait cependant encore entre ces deux actions des différences notables.

On peut dire que la querelle d'inofficiosité est une pétition d'hérédité régie par des règles spéciales, et sur laquelle il y a lieu d'établir une preuve particulière, la preuve de l'inofficiosité. (L. 2, au Code, lib. III, t. 28, *De inoff. test.*)

C'est ainsi que la *querela* ne pouvait être intentée

que contre un héritier institué, tandis que la pétition d'hérédité ordinaire était admise contre tous ceux dont le titre reposait sur une possession *pro herede* ou *pro possessore*. (Loi 11, au Code, *De pet. hered.*)

Toutefois, par une dérogation au principe que nous venons de poser, il s'est présenté des cas où la *querela* fut admise contre un *bonorum possessor contrà tabulas*, c'est-à-dire contre un successeur *ab intestat*. (L. 16, § 1, *De inoff. test.*)

La *querela* repose sur le sentiment d'une injure, et, à ce point de vue, se rapproche de l'action *injuriarum*; le *de cujus*, en effet, a offensé son parent, en l'omettant ou en l'exhérédant. Il en résulte que si le parent qui pouvait se plaindre meurt sans avoir préparé l'exercice de l'action, celle-ci s'éteindra avec lui.

Au contraire, la pétition d'hérédité passe aux héritiers.

Le silence prolongé pendant un certain temps fait présumer que celui qui avait droit à la *querela* n'éprouve pas de colère, ou que son ressentiment s'est effacé : en conséquence, au bout de ce temps, il ne sera plus admis à se plaindre.

La pétition d'hérédité est une action perpétuelle.

Enfin, la *querela*, supposant un héritier institué, ne peut être intentée qu'après l'adition.

Pour exercer la pétition d'hérédité, on n'est pas obligé d'attendre que l'adition se soit produite.

SECTION III

CARACTÈRE DE LA QUERELA

Pour que l'héritier puisse critiquer le testament
par la voie de la querelle d'inofficiosité, il faut qu'il
ne trouve pas dans le droit civil ou le droit prétorien
d'autres moyens de faire valoir ses droits à la succession. (*Institutes*, § 2, lib. II, t. 18.) Cette action
apparaît donc comme un recours extraordinaire,
ultimum subsidium, et le motif en est que le testament est valable, *jure factum*.

Ce caractère de la *querela* excluait de son exercice un grand nombre de personnes.

Supposons qu'un héritier sien, mâle et du premier degré, a été omis, c'est-à-dire ni institué ni
exhérédé : la *querela* ne lui sera pas ouverte, parce
que dans ce cas le testament est nul, et nous venons
de voir que son exercice suppose le testament valable.

C'est une fille en puissance qui a été omise ; comme
ses droits sont sauvegardés par le *jus accrescendi*,
elle ne pourra pas agir pour cause d'inofficiosité.
Elle sera comptée pour un héritier institué de plus,
et obligée en cette qualité d'acquitter les legs.

L'émancipé omis, pouvant invoquer la *bonorum
possessio contrà tabulas*, se trouvait aussi par ce fait

exclu de la plainte d'inofficiosité; mais, comme cette *bonorum possessio* laissait subsister certains legs, il aurait eu plus de profit à exercer la *querela* qui aurait fait tomber les legs en même temps que le testament. (L. 23 pr., *De inoff. test.*; — L. 1; L. 3 pr. et § 7, *De legat. præst. contrà tabulas.*)

Enfin, la *querela* sera aussi refusée, toujours d'après notre principe, à l'adrogé impubère qui aura été émancipé ou exhérédé sans juste cause par l'adrogeant. Dans ce cas, en effet, l'adrogé recouvre tous ses biens et en plus un quart de ceux que l'adrogeant laisse à sa mort (Quarte Antonine).

Remarquons que les diverses actions qui, pour les personnes que nous venons de voir, remplacent la *querela inofficiosi testamenti*, seront en un certain sens plus avantageuses que cette dernière, parce qu'elles n'auront pas besoin d'établir, comme serait obligé de le faire un *querelans,* la preuve de l'injustice de l'exhérédation.

Dans d'autres hypothèses, la plainte d'inofficiosité sera la seule ressource. Il s'agit, par exemple, du testament d'une femme : étant donné que l'omission dans un tel testament est l'équivalent de l'exhérédation de la part du père, l'enfant omis n'aura d'autre ressource que de se porter *querelans.* Cela est enfin de toute évidence pour l'enfant régulièrement exhérédé dans le testament de son père.

CHAPITRE II

PERSONNES QUI PEUVENT INTENTER LA QUERELA ET ORDRE DE DÉVOLUTION DE CETTE ACTION

SECTION I
PERSONNES QUI PEUVENT INTENTER LA QUERELA

A l'origine, le tribunal des Centumvirs déterminait arbitrairement les personnes qui pouvaient se plaindre en inofficiosité. Mais une jurisprudence certaine ne tarda pas à s'établir en cette matière, et à partir de l'époque d'Ulpien, c'est-à-dire vers le commencement du troisième siècle de notre ère, elle ne varia plus. Désormais, les seules personnes qui auront le droit d'intenter la *querela* seront les descendants les ascendants et les frères et sœurs. Cela résulte de la loi 1, *De inoff. testamento* ; dans ce texte, Ulpien nous apprend que, de son temps, les querelles d'inofficiosité étaient fréquentes, même de la part des collatéraux au delà du degré de frères et sœurs ; mais en conseillant à ceux-ci de s'abstenir, parce que, dit-il, ils n'ont point d'espoir de succès, il nous montre

bien que la jurisprudence commençait tout au moins
à faire de leur exclusion une règle constante.

Cependant, jusqu'à Justinien, cette question ne fut
tranchée *in terminis* par aucune disposition législative.
A partir de ce prince, les collatéraux sont formellement exclus : « Ultra fratres et sorores, cognati
nullo modo agere possunt, aut agentes vincere. »
(*Institutes*, § 1er, *in fine*, *De inoff. test.*)

§ 1er. Descendants. — Dans le principe, la *querela*
ne dut fort probablement appartenir qu'aux descendants ayant la qualité de *sui heredes*, sans doute en
vertu de l'idée de copropriété qui frappa tout d'a-
bord l'esprit des jurisconsultes. Puis, son domaine
s'élargit peu à peu, au fur et à mesure que le nombre des héritiers *ab intestat* s'augmenta, en vertu, soit
du droit prétorien, soit des sénatus-consultes, soit
des constitutions impériales.

Au début de cette étude, nous avons vu que le
préteur, s'inspirant des principes du droit naturel,
étendit le droit d'attaquer un testament pour cause
d'inofficiosité à tous les descendants *per masculos*
injustement exhérédés ou omis, qu'ils fussent ou non
héritiers siens.

De même le droit civil n'accordait la *querela* qu'aux
posthumes siens ; il la refusait aux posthumes externes, puisqu'il ne permettait pas qu'on les instituât ou
qu'on les exhérédât. Quand le préteur fut venu au
secours de ces derniers par l'édit de ventre *in pos-*

sessionem mittendo, et par la *bonorum possessio se-*
cundum tabulas, ils purent intenter la *querela* en cas
d'omission ou d'exhérédation. (L. 6 pr., *De inoff.*
test.)

A la fin du second siècle, sous les empereurs Marc-
Aurèle et Commode, fut rendu le sénatus-consulte
Orphitien, qui appela les enfants à la succession de
leur mère, contrairement aux dispositions du droit
prétorien, qui ne les faisait venir qu'à titre de cognats.
Ils sont placés par ce sénatus-consulte à la tête de
tous les agnats, même avant les frères et sœurs consanguins. Dès lors, en cas d'omission injuste, ils pourront intenter l'action d'inofficiosité, et comme ils
viennent à la succession *jure sanguinis*, ce droit leur
appartiendra, qu'ils soient issus *ex justis nuptiis* ou
vulgo concepti. (Ulpien, *Reg.*, XXVI, § 7 ; *Digeste, Ad*
sct. Tertul. et Orf., lib. XXXVIII, t. 17. — L. 29, *De*
inoff. test.) Justinien refusa cependant aux *spurii*
d'une femme illustre tout droit à sa succession, soit
testamentaire, soit *ab intestat*, si elle avait en même
temps des enfants légitimes. (L. 5, au Code, *Ad sct.*
Orf., lib. VI, t. 57.)

Parmi les descendants figurent aussi les enfants
adoptifs.

Dans l'ancien droit, l'adoption, brisant le lien civil
de l'agnation, base de la dévolution successorale,
faisait perdre à l'enfant adoptif sa qualité de *legiti-*
mus heres, et son père naturel n'était pas tenu de

lui laisser quelque chose par testament. Cet enfant
ne pouvait donc intenter la querelle d'inofficiosité
contre le testament de son père naturel, que quand
il était sorti de la famille adoptive. La loi 10 (pr., au
Code, De 'adopt., liber VIII, t. 48) montre qu'on
avait cependant discuté la question de savoir si l'a-
dopté, omis par son père naturel, ne pourrait point,
même *durante adoptione*, attaquer son testament
pour cause d'inofficiosité. Les jurisconsultes Paul et
Papinien avaient admis la négative ; Marcien accordait au contraire la *querela* à l'enfant adoptif, quand
l'adoptant n'avait pas de fortune, parce qu'alors il
était exposé à ne rien avoir. Cette décision, du reste,
avait eu des précédents, car l'historien Valère-Maxime
rapporte qu'un adopté, omis par son père naturel,
obtint, dans les derniers temps de la République, la
rescision de son testament.

A l'inverse, l'enfant adoptif ne pouvait critiquer le
testament de l'adoptant qu'autant qu'il était de-
meuré dans la famille adoptive.

Justinien changea, on le sait, les principes qui
régissaient antérieurement l'adoption. Sous cet em-
pereur, il convient, pour savoir quand le testament
pourra être attaqué, de distinguer le cas où l'adoptant est un *extraneus*, de celui où il est un ascendant. Dans cette dernière hypothèse, les anciens
effets de l'adoption sont conservés ; c'est donc seulement contre le testament de l'adoptant que pourra

être dirigée, en cas d'omission ou d'exhérédation, la querelle d'inofficiosité.

Si, au contraire, l'adoptant est un *extraneus*, l'enfant conserve tous ses droits de succession dans sa famille naturelle; il aura donc la *querela* contre le testament de son père naturel, sans pouvoir critiquer le testament de l'adoptant.

Les femmes, incapables d'acquérir la *patria potestas*, primitivement ne pouvaient adopter. En l'an 291, les empereurs Dioclétien et Maximien permirent l'adoption, avec l'autorisation du prince, à celles qui, ayant eu des enfants, les avaient perdus. (Loi 5, au Code, *De adopt. liber.*, lib. VIII, t. 48.)

Dans le droit de Justinien, les effets de cette adoption seront ceux que nous avons vus tout à l'heure, en ce qui concerne l'adoption pratiquée par un *extraneus*. Avant ce prince, une telle adoption rendait l'adopté héritier *ab intestat* de l'adoptante, et il pouvait attaquer le testament dans lequel celle-ci l'avait omis. C'est ce que nous permet d'induire un texte d'Ulpien qui forme la loi 29, § 3, *De inofficioso testamento*, et dans lequel les mots *sine jussu principis* ont été évidemment interpolés par les rédacteurs du *Digeste*, puisque le jurisconsulte Ulpien est mort en l'an 228, alors que Dioclétien ne prit le sceptre qu'en l'an 284. Ce texte, avec la modification résultant de l'interpolation, décide que l'enfant qu'une femme aurait adopté *sine jussu prin-*

cipis croirait vainement l'adoption valable, et que
sa bonne foi ne l'autoriserait pas à intenter la plainte
d'inofficiosité. C'est donc qu'il pourrait l'intenter,
s'il avait été adopté avec l'autorisation du prince.

§ 2. Ascendants. — On trouve le motif de l'extension de la *querela* aux ascendants dans la loi 15 (pr.,
Dig., De inoff. test.) : « Nam, etsi parentibus non
debetur filiorum hereditas, propter votum parentûm
et naturalem erga filios caritatem, turbato ordine
mortalitatis, non minùs parentibus quam liberis pie
relinqui debet. » Ce motif ne réside donc point dans
l'idée ancienne de la copropriété du patrimoine,
mais bien dans la réciprocité des devoirs d'affection,
entre personnes aussi étroitement unies par les liens
du sang que le sont entre eux les ascendants et les
descendants.

L'excercice de la *querela* par un ascendant contre
le testament de son descendant suppose nécessairement que celui-ci est *sui juris*, car la *factio testamenti* active n'appartient pas aux personnes en puissance.

Il y avait exception à cette règle pour le pécule
castrense, à l'égard duquel le *filius familias* avait la
capacité de tester. Mais son père était non recevable
à en demander la rescision pour cause d'inofficiosité. Un tel pécule, en effet, ne pouvait faire l'objet
d'une succession *ab intestat ;* or, de même que pour
avoir le droit d'intenter la *querela*, il faut être suc-

cessible *ab intestat*, de même aussi les seuls biens qui puissent donner lieu à cette action sont ceux qui peuvent faire l'objet d'une succession *ab intestat*.

Cette solution fut étendue par Justinien au pécule *quasi castrense*. (LL. 24 et 37, au Code, *De inoff. test.*)

Dans l'ancien Droit romain, par les effets de la *manus*, la *mater familias* était placée dans la famille au rang de fille (*loco filiæ*); elle devenait la sœur agnate de ses propres enfants, et c'est en cette qualité qu'elle leur succédait. Quant à la *matrona*, qui n'était point soumise à la *manus*, elle ne venait à la succession de de ses enfants qu'au troisième rang, en qualité de simple cognate.

Le sénatus-consulte Tertullien, sur la date duquel existent des opinions divergentes, appela la mère cognate à succéder à ses enfants en qualité d'héritière légitime, après les frères et en concours avec les sœurs, mais avant tous les autres agnats(1). (Ulpien, *Reg.*, XXVI, 8;— *Dig.*, *Ad. sct. Tertul. et Orf.*, lib. XXXVIII, t. 17.) A partir de cette époque, elle eut donc le droit d'exercer la *querela* contre les testaments de ses enfants, dans lesquels elle se trouvait omise.   .

La vocation de la mère, et par voie de conséquence

---

(1) Ce sénatus-consulte aurait été rendu sous Antonin le Pieux, d'après MM. Accarias, tome II, n° 433, et Ortolan, tome III, n° 1056, et sous Adrien, d'après M. Gaston May, tome I, p. 408.

le droit d'intenter la plainte d'inofficiosité étaient
toutefois soumis à trois conditions. Il fallait tout
d'abord qu'elle eût le *jus liberorum*, c'est-à-dire trois
enfants si elle était ingénue, et quatre si elle n'était
qu'affranchie. En second lieu, l'enfant devait être
ingénu, sans quoi les droits du patron ou de ses descendants auraient primé ceux de la mère. Enfin, l'enfant devait être *sui juris*, puisque, sans cette condition, il n'aurait pas eu de succession *ab intestat*.

Sous Justinien, après les Novelles 118 et 127, qui
modifièrent si profondément les règles de la succession *ab intestat*, la mère succéda à ses enfants en
concours avec les frères et sœurs, de sorte qu'elle
exclut désormais tous les autres collatéraux.

Le père qui avait émancipé son fils *contractâ fiduciâ*
était assimilé au patron, et pouvait invoquer comme
lui la *bonorum possessio contrà tabulas*, en cas d'omission ou d'exhérédation irrégulière. Il semble donc
que la *querela*, *ultimum adjutorium*, aurait dû lui être
refusée contre le testament inofficieux de son fils
émancipé. La loi 1, § 6, lib. XXXVII, t. 12 (*Si a par.
quis manum.*), nous montre qu'il n'en était rien. En
pareil cas, le père émancipateur conserva deux voies
de recours : « *Nec enim ei nocere debet quod jura
patronatûs habebat, cum sit et pater.* »

§ 3. Frères et sœurs. — La disposition qui donne
aux frères et sœurs consanguins du défunt le droit
d'intenter la querelle d'inofficiosité paraît être très

ancienne. Elle vient sans doute de ce que, à l'origine, les biens du *de cujus* étaient la propriété commune de ses frères et sœurs, lorsque tous étaient, en même temps que lui, soumis à l'autorité et à la puissance d'un aïeul commun.

Cette idée expliquerait bien pourquoi le droit d'attaquer le testament par la *querela* n'était pas accordé aux frères et sœurs utérins.

A l'époque classique, le mot *consanguinei* était pris dans son sens le plus étroit, désignant les frères et sœurs non seulement issus du même père, mais encore restés agnats. Seuls donc, à cette époque, les frères et sœurs consanguins, qui étaient en même temps agnats, se trouvaient héritiers légitimes les uns par rapport aux autres, et avaient en conséquence le droit de se plaindre. C'est ce que nous voyons dans une constitution de Constantin qui forme la loi 1, au Code Théodosien.(*De inoff. test.*, II, 19.)

Sous Justinien, il n'est plus nécessaire que les liens de l'agnation subsistent : « Consanguinei autem, durante agnatione vel non, contrà testamentum fratris sui vel sororis de inofficioso quæstionem movere possunt. » (L. 27, au Code, pr., lib. III, t. 28.) Ce texte n'est que la reproduction de la constitution précitée de Constantin ; seulement, les deux mots *vel non*, qui y ont été ajoutés par les rédacteurs du Code, en ont complètement changé le sens.

Justinien étendit-il aux frères et sœurs utérins le

bénéfice de la *querela?* Certains se fondent sur le
silence des *Institutes* à cet égard pour admettre l'affirmative. Nous pensons au contraire que ce silence
doit être interprété négativement en présence du
texte formel du Code : « Fratres et sorores uterini ab
inofficiosi actione contrà testamentum fratris sui vel
sororis penitus arceantur. » (Loi 27, au Code, lib. III,
t. 28.)

Le droit des frères et sœurs, en ce qui concerne
la plainte d'inofficiosité, est beaucoup moins étendu
que celui des descendants et des ascendants, car ils
ne réussiront dans leur réclamation que s'ils se trouvent en présence d'institués *turpes personæ.* On doit
entendre par ce mot tout individu noté d'infamie, ou
dont l'*existimatio* n'est pas intacte, par exemple un
affranchi. (L. 27, au Code, *De inoff. test.*)

Suivant le jurisconsulte Callistrate, en effet, le
mot *existimatio* était synonyme de *dignitatis illæsæ
status, legibus ac moribus comprobatus,* c'est-à-dire
état d'un citoyen dont la réputation et les droits sont
intacts.

Le préteur avait trouvé l'institution de la *querela*
tellement favorable qu'il avait admis que ceux qu'il
appelait à l'hérédité pourraient se plaindre de l'inofficiosité. Mais ici, il n'a point étendu le bénéfice de
cette voie de recours aux frères et sœurs cognats ; il
a donc désapprouvé à cet égard le droit civil, et en
cela il a été suivi par les rédacteurs de notre Code,

puisque sont réservataires chez nous seulement les descendants et les ascendants.

Voilà les trois catégories de personnes qui peuvent exercer d'une façon utile la *querela inofficiosi testamenti*.

Si, par hasard, un non successible venait à intenter cette action avec succès, « nemo enim cum repellit, » dit Ulpien, ce n'est pas à lui que profiterait la rescision du testament, mais aux héritiers *ab intestat :* « Si quis ex his personis quæ ad successionem ab intestato non admittuntur, de inofficioso egerit, et casu obtinuerit, non ei prosit victoria, sed his qui habent ab intestato successionem, nam intestatum patrem familias facit. » (Loi 6, § 1, *De inoff. test.*)

SECTION II
ORDRE DE DÉVOLUTION DE LA QUERELA

Le droit d'attaquer un testament comme inofficieux, résulte de la vocation héréditaire *ab intestat*. Ceux-là seuls pourront intenter cette action qui seraient appelés en rang utile à cette succession. (Loi 6, § 1ᵉ, *De inoff. test.*) En un mot, l'ordre de dévolution de la *querela* est le même que celui de l'hérédité.

Ce principe est très important à constater, car il peut arriver que des personnes qui auraient le droit de se plaindre ne puissent le faire, parce que, dans l'ordre successoral, elles sont primées par un parent

qui, lui, n'a pas droit à la *querela*. — Un père donne,
par exemple, son fils issu *ex justis nuptiis* en adoption à un *extraneus*; il fait son testament et omet ce
fils, qui se trouve dans la famille adoptive, et cela
tant à l'époque de la confection du testament qu'à
l'époque de la mort. Le fils, se trouvant encore dans
la famille adoptive, n'aura pas la possession de biens
contrà tabulas; il ne sera appelé, à l'époque classique,
que par une possession de biens *unde cognati*, comme
cognat. Supposons maintenant que le défunt ait un
cousin agnat, auquel incombe une possession de biens
unde legitimi : ce cousin va primer dans l'ordre successoral *ab intestat* le cognat, et celui-ci, dès lors,
précédé par son cousin qui n'a pas le droit de se
plaindre, ne pourra pas exercer la *querela*.

Des interprètes ont contesté que la dévolution de
la *querela* s'opérât d'ordre à ordre, et ont soutenu
que l'héritier du premier ordre, à qui compétait
l'exercice de cette action, ne pouvant ou ne voulant
pas l'intenter, celle-ci passait alors à l'héritier du
degré subséquent dans le même ordre. Ils fondent
leur opinion sur la loi 31, *principium, De inofficioso
testamento*. Dans ce texte, Ulpien dit : « Si is qui
admittitur ad accusationem nolit aut non possit
accusare, an sequens admittatur, videndum est : et
placuit posse, ut fiat successioni locus. » Pour ces
interprètes, le *sequens* est l'héritier du degré subséquent dans le même ordre.

A notre avis, ce texte montre simplement que la question de transmissibilité de la *querela* avait été agitée, et qu'on l'avait résolue affirmativement. Mais le terme *sequens* est en lui-même, quoi qu'on en dise, trop vague pour qu'on puisse lui faire désigner un héritier de tel ou tel ordre.

Il faut donc chercher d'autres documents pour la solution de cette question.

Le même Ulpien, dans la loi 1, § 8, *De suis et legitimis heredibus* (lib. XXXVIII, t. 16), résout implicitement la question dans notre sens : « Sciendum est autem nepotes et deinceps, interdum etiam si parentes eos mortis tempore præcesserunt, tamen posse suos heredes existere, quamvis successio in suis heredibus non sit; quod ita procedit, si pater familias testamento facto decesserit exheredato filio ; mox deliberante herede instituto, filius decessit, postea deinde repudiavit heres institutus : nepos poterit suus heres esse, ut et Marcellus libro 10 dixit, quoniam nec delata est filio hereditas. »

Il ressort on ne peut plus clairement de ce texte qu'en règle générale le grand-père excluait le petit-fils de l'hérédité. Ulpien, en effet, présente comme exceptionnelle la solution qu'il donne : le petit-fils arrive, il est vrai, à la succession dans l'hypothèse indiquée, mais c'est parce qu'il s'y rencontre un motif tout particulier de décider ainsi, et ce motif est que, dans l'espèce, le fils est mort avant la renon-

ciation de l'institué. D'où cette conclusion que : s'il
était mort seulement après que celle-ci serait inter-
venue, et sans avoir fait valoir ses droits à la succession *ab intestat* dès lors ouverte, les ascendants
viendraient à cette succession aux lieu et place du
petit-fils, et auraient en conséquence le droit d'exercer la *querela*.

Une constitution de Justinien, qui forme la loi 34,
au Code, *De inofficioso testamento*, vient encore cor-
roborer notre opinion. Dans une autre hypothèse,
et le motif qui permettait tout à l'heure au petit-fils
de succéder ne se rencontrant plus, ce prince nous
dit qu'il est privé de tout secours : « Omne adjutorium
nepotem dereliquit, » et comme cette solution lui
paraît trop rigoureuse, il donne alors au *nepos* l'action à laquelle son père aurait eu droit : « Jubet in
tali specie eadem jura nepoti dari quæ filius habebat. »

En innovant ainsi à l'égard des petits-enfants par
des considérations d'humanité, Justinien montre bien
que rien n'est changé cependant aux règles de la dévolution d'ordre à ordre, puisqu'il se borne à leur
donner l'action qu'aurait eue leur père, et non une
action qui leur serait personnelle.

De ce que les petits-enfants n'exercent ainsi contre le testament de leur aïeul que l'action de leur
père, il faut tirer cette conséquence, que l'appréciation de la plainte sera basée sur la conduite du fils

et non sur celle du petit-fils du défunt. Si donc on
reconnaît que le fils a été exhérédé justement, les
petits-enfants seront complètement privés de la succession. Ce résultat ne doit pas nous étonner, puisqu'il se serait produit quand bien même le père aurait
vécu et aurait exercé lui-même la plainte d'inofficiosité.

En ce qui concerne les descendants, Justinien admit la transmission de la *querela* dans tous les cas
et sans condition : « In medio tamen tempore, id est
a morte quidem testatoris, sed ante aditam heredi-
tatem, si decesserit filius, hujusmodi querelam, licet
se non præparaverit, ad suam posteritatem trans-
mittet. » (Loi 36, § 2, *in fine*, au Code, *De inofficioso
testamento*.)

Quant aux héritiers externes de l'ayant droit à la
plainte d'inofficiosité, sa transmission continue de
s'opérer aux conditions ordinaires. (Loi précitée,
ibidem.)

CHAPITRE III

CONDITIONS D'EXERCICE DE LA QUERELA

Nous avons déjà parlé de ce caractère de la *querela* qui en fait pour tous ceux qui y ont droit un recours ultime (*ultimum adjutorium*).

L'exercice de cette action est en plus 'soumis aux deux conditions suivantes : 1° Il faut que le testament soit inofficieux, c'est-à-dire que le défunt ait méconnu l'obligation résultant de l'*officium pietatis*, qui lui commande de laisser une partie de son patrimoine à certains parents très rapprochés ; 2° l'exhérédation ne doit reposer sur aucun motif sérieux. Nous allons examiner successivement chacune de ces conditions.

SECTION I

DU TESTAMENT INOFFICIEUX ET DE LA QUARTE LÉGITIME.

§ 1. Du testament inofficieux. — Disons tout de suite que certains testaments ne peuvent être inofficieux. Ce sont ceux faits par les soldats ; et il en est ainsi, alors même que la personne injustement

3

exhérédée serait elle-même militaire. (Loi 27, § 2,
De inoff. test.)

Le caractère inofficieux du testament, remarquons
le bien, n'implique en aucune façon qu'il soit entaché juridiquement d'une cause de nullité quelconque, absolue ou relative. Un testament irrégulier ou
entaché d'une nullité juridique ne peut produire
aucun effet; il ne peut servir de base à une adition
valable. Au contraire, le testament inofficieux, valable en la forme, *jure factum*, conserve toute sa force
tant que sa rescision n'a point été prononcée ; d'où il
résulte que l'adition à laquelle il aura servi de base
pourra très bien subsister et produire ses effets ordinaires, s'il n'est point attaqué ou s'il l'est sans succès.
Nous avons vu qu'on décidait même qu'il ne pouvait
être critiqué que l'adition une fois faite.

Le testament inofficieux est donc celui qui, bien
que régulier en la forme, exhérède sans une cause
grave un descendant, un ascendant, et parfois même
un frère ou une sœur. En d'autres termes, le testament inofficieux est simplement celui qui ne remplit
pas certains parents de leur quarte.

§ 2. Quarte légitime. — A l'origine, le montant de
ce qui devait satisfaire l'*officium pietatis* fut fixé
arbitrairement par les juges. C'était là une imperfection, puisque le testateur ne savait pas, au moment
où il faisait son testament, quelle quotité il devait
laisser pour en éviter la chute. Aussi, la jurispru-

dence, sous les premiers empereurs, est-elle venue fixer cette quotité au quart de ce que le proche parent recueillerait *ab intestat.*

Ce quart dû aux plus proches parents constituait à leur profit la *quarta pars legitimæ partis,* appelée aussi depuis quarte légitime, et enfin, par abréviation, simplement la légitime. (*Institutes,* lib. II, t. 18, § 3.)

La fixation de la quarte légitime doit être considérée comme une émanation de la quarte Falcidie. En vertu de la disposition législative appelée à tort loi Falcidie, puisqu'elle n'est au fond qu'un plébiscite, le testateur pouvait, en effet, grever son héritier institué de legs, jusqu'à concurrence des trois quarts de l'institution, et le réduire ainsi au quart de sa part *ab intestat.* Dès lors, si le montant de la quarte légitime n'avait été précisément celui de la quarte Falcidie, on serait arrivé à cette conséquence, que le parent exhérédé, venant à réussir dans sa plainte d'inofficiosité, aurait obtenu une part plus considérable que le parent institué. Or, comme il parut impossible d'admettre ce résultat, la jurisprudence, pour l'éviter, fixa la quotité de la quarte légitime au quart de la portion héréditaire *ab intestat.*

Le caractère de la quarte légitime est d'être individuelle. Quand une personne a dans sa famille plusieurs descendants légitimes au même degré, la quarte se détermine à l'égard de chacun d'après la

part qu'il recueillerait *ab intestat.* Ainsi, un testateur
a deux enfants; il laisse à l'un le huitième de sa
fortune, et il exhérède l'autre justement. Le premier
enfant ne peut profiter de l'exhérédation de son
frère, et il n'aura pas droit d'intenter la *querela,* puisqu'il a le quart de ce qu'il recueillerait *ab intestat.*
D'où cet adage : « La légitime est individuelle. »;

On peut définir celle-ci : ce que les plus proches
parents doivent avoir pour être exclus du droit de se
plaindre.

D'après ce que nous avons dit sur la nécessité de
fixer la quotité de la quarte légitime d'après les
mêmes bases que celle de la quarte Falcidie, on conçoit très facilement que la façon de calculer devait
être la même pour chacune de ces deux quartes.

La masse des biens du défunt est donc estimée
d'après leur état et leur valeur au jour de son décès,
et on en retranche les dettes, les frais funéraires, et
la valeur des esclaves affranchis. (L. 8, § 9, *De inoff.*
test. ;   *Sentences* de Paul, lib. IV, 5, § 6.) Cela
revient à dire que la quarte devait être laissée au
légitimaire franche et quitte de toutes charges.

Tous les points de ressemblance que nous venons
de constater entre la quarte Falcidie et la quarte
légitime expliquent pourquoi cette dernière est quelquefois appelée aussi dans les textes quarte Falcidie.
(L. 5, § 3, au Code, *Ad. leg. Jul. maj.,* lib IX, t. 8.)

L'enfant qui, lors de la mort de son auteur, se

trouverait avoir seulement reçu de lui une donation entre vifs, même de beaucoup supérieure à sa quarte, pourrait cependant intenter la *querela* contre son testament. Effectivement, de telles donations étant valablement faites au profit d'un étranger, on ne pouvait forcer non plus l'enfant à les imputer sur sa portion légitime. Il faut donc, pour être exclu de l'exercice de la *querela*, que le descendant ait obtenu sa quarte par une libéralité *mortis causâ*. (L. 8, § 6, *De inoff. test.*)

A ce principe du droit classique, Justinien apporta trois dérogations; elles concernent : 1° la dot constituée par un ascendant à son descendant ; 2° les donations *propter nuptias ;* 3° celles faites par un ascendant à son descendant, *ad militiam emendam*, ou, d'une façon plus générale, pour acheter certains offices. La raison en est que ce sont là des avancements d'hoirie. Toutes ces libéralités s'imputeront donc désormais sur la légitime, et tendront à exclure la querelle d'inofficiosité.(*Institutes*, § 6, lib. II, t. 18; — LL. 29 et 30, au Code, *De inoff. test.*)

Nous arrivons à une grosse question : si un donateur manifeste l'intention que la donation entre vifs s'impute sur la quarte légitime, faudra-t-il tenir compte de cette volonté? Pour nous, l'affirmative est certaine, et il n'y a jamais eu en Droit romain de controverse sur ce point. (L. 25 pr., *De inoff. test.*)

Mais, d'après certains auteurs, la solution que nous

venons de donner, en nous appuyant sur la loi précitée d'Ulpien, aurait été repoussée par Papinien
(L. 16, *De suis et leg.*, lib. XXXVIII, t. 16), et par
Paul (*Sent.*, IV, 5, § 8). Justinien lui-même, dans la
loi 35, au Code, § 1 (*De inoff. test.*), aurait consacré l'opinion de Papinien et de Paul, admise déjà
par un rescrit d'Alexandre Sévère, qui forme la
loi 3, au Code, *De collationibus* (lib. VI, t. 20).

Voici le texte de Papinien : « Pater instrumento
dotali comprehendit filiam ita dotem accepisse *ne
quid aliud ex hereditate patris speraret; eam scripturam jus successionis non mutasse constitit : privato-
rum enim cautionem legum auctoritate censeri.* »

Si l'on examine attentivement le contenu de ce
texte, on reconnaît bientôt que la question résolue
par Papinien n'est pas du tout celle de savoir si les
donations entre vifs peuvent ou non s'imputer sur
la quarte. Ce que décide le jurisconsulte, c'est que
la fille qui a reçu une dot avec cette stipulation
qu'elle n'aura plus rien à espérer de la succession
de son père, quand bien même cette dot se trouverait, au jour du décès de celui-ci, inférieure à sa
quarte, ne sera pas liée par cette convention pour
ainsi dire forcée. Les règles du droit de succession,
nous dit-il, c'est-à-dire le droit pour la fille, dans
notre hypothèse, d'obtenir l'intégralité de sa
quarte, n'auront pas été changées par une telle
clause : « Eam scripturam jus successionis non mu-

tasse constitit. » En un mot, Papinien décide ici négativement le point de savoir si le légitimaire peut valablement faire une renonciation anticipée à sa légitime.

Ce premier texte ne fait donc en aucune façon
échec à notre solution, qui n'est pas contredite non
plus par le jurisconsulte Paul. Nous verrons tout à
l'heure que jusqu'à Constantin, on discuta la question
de savoir si un testateur pouvait valablement établir
dans son testament « ut quarta boni viri arbitratu
repleatur », et exclure ainsi l'exercice de la *querela*
contre ses dernières volontés. Or, Paul, dans le texte
qu'on nous oppose, décide à son époque que celui à
qui on aura laissé des biens sous une telle condition
pourra bien, s'il le veut, exiger que sa quarte soit
complétée, s'il y a lieu, mais ne sera pas déchu du
droit d'exercer la *querela*, s'il le préfère ; tandis qu'à
l'époque de Constantin la *querela* serait absolument
écartée en pareil cas. Voilà, suivant nous, la question
posée et tranchée dans les *Sentences*, §§ 7 et 8, livre
IV, titre 5 : « Filius, judicio patris, si minus quartâ
portione consecutus sit, ut quarta sibi a coheredibus
fratribus citrâ inofficiosi querelam impleatur jure
desiderat. — Pactio talis, ne de inofficioso testamento dicatur, querelam super judicio futuram non
excludit : meritis enim liberos magis quam pactio-
nibus adstringi placuit. »

Restent encore parmi les textes invoqués à l'en-

contre de notre opinion la loi 3 *de Collationibus*
(lib. VI, au Code, t. 20), et la loi 35 au Code (§ 1,
De inofficioso testamento).

Il nous suffira de citer la loi 3 *de Collationibus*,
pour démontrer qu'elle ne se réfère pas à notre
question : « Pactum in dotali instrumento compre-
hensum, ut contenta dote, quæ in matrimonio col-
locabatur, nullum ad bona paterna regressum habe-
ret : juris auctoritate improbatur, nec intestato
patri succedere filia ea ratione prohibetur. Dotem
sane quam accepit, fratribus qui in potestate man-
serunt, conferre debet. »

Enfin, ce que Justinien résout négativement dans
la loi 35, § 1, n'est aussi, au fond, qu'une question de
renonciation à la légitime.

Nous concluons donc que jamais la validité de la
clause d'imputation des donations entre vifs sur la
quarte n'a été mise en doute. Ce qui a été contro-
versé, c'est seulement le point de savoir si le légitimaire pouvait valablement renoncer à sa quarte du
vivant du testateur, et la majeure partie des textes
est pour la négative.

SECTION II
DONATIONS INOFFICIEUSES ET ACTION EN COMPLÉMENT DE LA QUARTE

§ 1. Donation inofficieuse. — La querelle d'inofficiosité ne pouvait être intentée primitivement que

contre les libéralités à cause de mort, car, en Droit romain, l'hérédité ne comprenait que les biens dont le *de cujus* avait la possession au moment de son décès. Un père de famille avait donc la faculté de disposer entre vifs de tous ses biens d'une façon illimitée ; la sanction de la *querela* faisait ici défaut. Pour sauvegarder les droits des parents, que le testateur arrivait encore à dépouiller par cette voie, la jurisprudence créa une action *ad exemplum inofficiosi*.

Vers quelle époque ? Il semble que cette action fut définitivement organisée par un rescrit d'Alexandre Sévère. (L. 87, § 3, *De legatis secundo*.) Ce rescrit paraît admettre dans ce cas la rescision jusqu'à concurrence de la part héréditaire du demandeur. Cette solution ne fut certainement pas définitive.

Quoi qu'il en soit, l'action *ad exemplum inofficiosi* n'appartenait jamais qu'aux héritiers à qui la loi assurait une quarte légitime. Cela était bien conforme au motif qui avait dicté son établissement. Elle ne fut admise aussi, à l'instar de la *querela*, que si l'héritier ne pouvait agir contre les donations faites par le *de cujus*, par aucune autre voie de droit. Ainsi, dans le cas où l'héritier, dépouillé par les donations inofficieuses, était possesseur par *indivis* avec le donataire dont il attaquait la donation, il avait l'action *familiæ erciscundæ*, et se trouvait en conséquence exclu de l'action *ad exemplum inofficiosi testamenti*. (*Frag. vat.*, § 281.)

En fait, la donation inofficieuse était presque toujours entachée d'un esprit de fraude, et était faite
ad excluendam querelam, ou *intervertendæ quæstio-
nis inofficiosi causâ*. (LL. 1 et 8, § 6, *De inoff*.
donat., lib. III, t. 29, au Code.) Cependant, la fraude
du donateur n'était pas une condition nécessaire à
l'exercice de l'action *ad exemplum inofficiosi*. Il suffit, pour que cette action puisse être intentée, que la
donation ait préjudicié au demandeur en entamant
sa légitime. C'est ce qui résulte péremptoirement de
la loi 5, au Code (*De inoff. donat.*), qui permet à
l'enfant de demander la rescision même des donations antérieures à sa naissance.

§ 2. Action en complément de la quarte. — Primitivement, la *querela* appartenait à celui qui n'avait
rien reçu, et à celui qui n'avait reçu qu'une valeur
insignifiante. Dans le cas où le testateur avait laissé
quelque chose d'insuffisant, la lésion pouvait être in-
volontaire : l'enfant attaquant le testament le faisait
rescinder cependant, à moins que le testateur n'eût
accompagné sa disposition de cette clause expresse :
ut quarta arbitratu boni viri repleatur. Cette volonté
du défunt avait été sanctionnée par Constantin après
controverse. (L. 4, Code Théod., *De inoff. test.*, II,
19.) Justinien la sous-entendit dans tous les cas. Le
motif qui dicta cette décision n'est pas difficile à
apercevoir : comme l'action *ad exemplum inofficiosi*
laissait subsister la donation et aboutissait simplement à une réduction, il y aurait eu dès lors quel-

que rigueur à maintenir dans toute son étendue l'effet de la *querela*, qui était d'entraîner la chute du testament. Donc, à partir de Justinien, malgré le texte formel des *Institutes* : « *Igitur quartam quis debet habere ut de inofficioso testamento agere non possit* », il arrive en fait que, pour pouvoir intenter la *querela*, il faut que l'enfant soit absolument omis dans la succession de son père, soit par testament, soit par tout autre acte à cause de mort.

Il existe des différences profondes entre la *querela* et l'action en complément.

La première est une action *in rem* ; le *querelans* peut donc agir contre les tiers détenteurs. L'action en complément est une action personnelle, qui ne peut dès lors être intentée que contre l'héritier, et celui-ci pourra conserver les biens héréditaires, sauf à payer une somme d'argent.

La *querela* est fondée sur le ressentiment, d'où cette conséquence qu'elle s'éteindra si le légitimaire laisse passer un certain temps sans l'exercer, ou meurt sans en avoir préparé l'exercice, parce qu'alors on présume que son ressentiment s'est effacé. Au contraire, l'action en complément, qui repose sur une simple erreur du *de cujus*, n'a rien d'infamant, et passe aux héritiers. Elle n'entraîne pas non plus, comme la *querela*, la perte des libéralités laissées par le défunt au réclamant.

Dans la Novelle 18, cap. 1, Justinien a modifié le chiffre de la légitime, dont la quotité varie désor-

mais suivant le nombre des enfants. Ce chiffre est du
tiers si le défunt laisse quatre enfants ou moins, et
de la moitié quand il y a cinq enfants ou plus. Ce système est vicieux, car il produit ce résultat singulier
que quand le testateur laisse quatre enfants, la quotité de la légitime n'est que d'un douzième pour chacun d'eux, tandis qu'elle est du dixième si le défunt
laisse cinq enfants. Aussi nos pays de coutumes
avaient-ils adopté la quotité de la moitié, quand il y
avait des enfants.

La légitime des ascendants et des frères et sœurs
fût-elle aussi augmentée par Justinien ? Il semblerait
bien, d'après la même Novelle 18, cap. 1, *in fine,*
que la légitime des ascendants aurait été fixée au
tiers. Cette quotité devait être invariable à leur
égard, puisque quatre seulement pouvaient succéder, les plus proches excluant les plus éloignés.

Il est donc permis de penser que les frères et
sœurs, en l'absence de descendants et d'ascendants,
eurent aussi une légitime du tiers s'ils étaient quatre
ou moins, et de moitié s'ils étaient cinq ou plus.

La Novelle 115, cap. 3 et 4, décida que la légitime ne pourrait plus être laissée à l'enfant par une
disposition de dernière volonté quelconque; il faut
qu'elle lui soit laissée à titre d'héritier institué.
Cette réforme ne fut pas une amélioration, car elle
ne fit guère que soumettre le légitimaire aux embarras d'une liquidation qui pouvait être compliquée.
A un autre point de vue, elle lui fut encore plus dé-

favorable ; puisque désormais il a droit à la légitime
en qualité d'héritier, il ne pourra plus l'exiger,
comme autrefois, sur l'actif net, mais seulement
sur l'actif brut.

SECTION III

CAUSES LÉGITIMES D'EXHÉRÉDATION

La *querela* ne peut être intentée que si l'exhérédation ne repose sur aucune cause sérieuse.

C'est naturellement au demandeur qui plaide
l'admissibilité de l'action d'inofficiosité, à prouver
l'injustice de l'exhérédation. (L. 28, au Code, *De
inoff. test.*) Du reste, cette preuve lui incomberait
aussi, s'il s'était borné à intenter l'action en complément de la quarte légitime. (L. 30 pr., au
Code, *De inoff. test.*)

A l'origine, les causes légitimes d'exhérédation
étaient laissées à l'appréciation du tribunal des centumvirs. On trouve au Code deux textes qui nous
donnent des exemples d'espèces où l'exhérédation
a été considérée par le juge comme reposant sur
des motifs valables. C'est d'abord la loi 11, au Code,
De inofficioso testamento, qui cite le cas d'un père
de condition honorable, excluant de sa succession
son fils devenu gladiateur. Ensuite, nous trouvons la
loi 19, au même titre, qui nous rappelle le cas d'un
père exhérédant légitimement sa fille, parce qu'elle
s'était livrée à la prostitution.

Certaines données nous permettent d'affirmer que la jurisprudence romaine se montrait assez large dans l'admission des justes causes d'exhérédations. Ainsi, la loi 3, § 5, livre 37, titre 4 (*De bon. poss. contrà tab.*), admet comme suffisamment justifiée l'exhérédation d'un petit-fils basée sur l'inconduite de son père prédécédé.

Il arrivait même souvent que l'exhérédation de l'enfant intervenait dans son propre intérêt. Ulpien (L. 18, *De lib. et posth.*, lib. 28, t. 2) cite le cas fréquent, suivant lui, où l'exhérédation de l'enfant n'avait pour but que de lui éviter les embarras d'une succession compliquée, et se trouvait accompagnée d'un *fidéicommis* ou d'un legs considérable en sa faveur.

Dans la législation des Novelles (Nov. 115, capita 3 et 4; — Nov. 22, cap. 17 pr.), les causes légitimes d'exhérédation ne sont plus laissées à l'appréciation du juge; elles sont limitativement déterminées, et Justinien exige de plus que le testament précise la cause qui a déterminé l'exclusion.

CHAPITRE IV

EFFETS DE LA QUERELA INOFFICIOSI TESTAMENTI

Nous allons envisager successivement deux hypothèses : celle où le *querelans* réussit à faire admettre
l'inofficiosité, et celle au contraire où il succombe
dans son action.

SECTION I

HYPOTHÈSE DU DEMANDEUR QUI TRIOMPHE

L'effet de la *querela* quand le demandeur triomphe,
peut être la chute totale ou partielle du testament.

§ 1. Rescision totale. — Celle-ci se produira si l'héritier légitime triomphe contre un *extraneus* institué
unique. Alors, le testament tombe tout entier, et
le défunt étant réputé mort *intestat*, la succession
légitime s'ouvre. Le *querelans* est saisi *de plano* de
l'hérédité, qu'il soit ou non héritier sien du *de cujus*.
En effet, du moment qu'il réclame l'hérédité en
justice, il ne saurait être admis à la répudier ; il n'a
même pas besoin de faire adition, la sentence qui
confirme sa plainte lui en tient lieu.

Le demandeur qui triomphe ainsi pleinement, succède donc au *de cujus* pour tout l'actif et pour tout le passif, soit en qualité d'héritier, soit en qualité de *bonorum possessor*, soit enfin à ces deux titres réunis. (L. 8, § 16, *De inoff. test.*)

De là résultent un grand nombre de conséquences.

Tout d'abord, si l'institué était débiteur du testateur au moment de son décès, sa dette, qui s'était trouvée éteinte par la confusion, renaît après la rescision du testament. (L. 21, § 2, *De inoff. test.* — L. 23, au Code, même titre.)

Les legs et les affranchissements contenus dans le testament rescindé tombent de plein droit. Ceci est la conséquence d'un principe qui domine toute la législation testamentaire des Romains, à savoir : que l'institution d'héritier est la condition essentielle de la validité du testament, et que si elle ne produit pas d'effet pour une cause quelconque, toutes les dispositions accessoires renfermées dans celui-ci s'évanouissent également : « Ante heredis institutionem inutiliter legatur, scilicet quia testamenta vim ex institutione heredis accipiunt, et ob id velut caput et fundamentum intelligitur totius testamenti, heredis institutio. (Gaius, II, 229.)

Par suite de l'annulation des legs, le *querelans* pourra réclamer par voie de répétition ceux que l'institué aurait déjà payés. A qui appartiendra dans ce cas l'exercice de la *condictio indebiti?* Il faut dis-

tinguer : quand le legs a été payé antérieurement à
l'exercice de la *querela*, c'est au *querelans* lui-
même que la *condictio* sera donnée ; si, au contraire,
le paiement a été fait au cours du procès, cette
action appartiendra à l'institué. (L. 8, § 16, *De inoff.
test.*) L'intérêt de la distinction est que, dans cette
dernière hypothèse, l'institué répondra envers le
querelans de l'insolvabilité du légataire.

On répute donc les légataires et les esclaves affranchis représentés par l'institué, et c'est ce qu'on exprime en disant qu'en cette matière, le juge fait le
droit. (L. 17, § 1, *De inoff. test.* — L. 14 pr., *De
appell.*, lib. 49, t. 1.)

Cependant, ce résultat ne se produirait pas, et les
legs seraient maintenus, si l'institué faisait défaut,
parce qu'alors il y a une présomption de collusion
entre lui et le *querelans*. (L. 14, § 1, *De appell.*)

Ce que nous venons de constater pour les legs et
les affranchissements s'applique également aux fidéicommis, alors même que le disposant les aurait faits
ab intestato, c'est-à-dire avec l'intention de les mettre au besoin à la charge de l'héritier *ab intestat*.
Cette solution est une conséquence de la fiction qui
faisait considérer, au cas de *querela*, le testateur
comme ayant perdu la raison. (L. 36, *De legatis*, 3°,
lib. XXXII.)

Mais les légataires et les esclaves affranchis con-
servent le droit d'intervenir à l'instance, et même
d'interjeter appel de la sentence qui fait tomber le

4

testament. Effectivement, il y a toujours lieu de redouter une collusion entre le *querelans* et l'institué, parce que tous les deux ont intérêt à voir tomber les legs et les affranchissements. (L. 14, § 1, *De appell.*; — Loi 29 pr., *De inoff. test.*)

§ 2. Rescision partielle. — La rescision du testament argué d'inofficiosité peut n'être que partielle, et cela arrivera dans un assez grand nombre de cas.

Au lieu d'un seul *querelans*, nous pouvons en supposer plusieurs, agissant contre un seul institué. S'ils réussissent tous, pas de doute, l'institution tombera encore complètement. Mais il est possible que le testament ne soit inofficieux qu'à l'égard de quelques-uns seulement, ou que certains ayants droit à la plainte d'inofficiosité préfèrent ne pas courir les chances d'un procès. Dans ces deux cas, la *querela* ne fera rescinder le testament que pour partie, au profit seulement de ceux qui l'auront intentée, et avec succès. (L. 16 pr., *De inoff. test.*)

Deux institués *extranei* sont actionnés par un seul enfant. Il peut se faire que cet enfant, par suite de l'erreur du juge, triomphe contre l'un et succombe contre l'autre. (L. 15, § 2, *De inoff. test.*)

Il y avait un frère du testateur, par exemple, et deux institués, l'un *persona honesta*, l'autre *persona turpis*. D'après ce que nous avons déjà vu, à propos de l'étendue des droits des frères et sœurs, le frère ne peut réussir dans sa plainte, que s'il l'exerce contre un institué personne honteuse; d'où encore, en notre hypothèse, rescision partielle du testament. (L. 24, *De inoff. test.*)

Le testateur a deux filles, et a institué deux personnes, savoir : une de ses filles pour un quart, puis un *extraneus* pour le surplus. L'un et l'autre ont fait adition. La fille omise, n'étant appelée *ab intestat* qu'à la moitié de la succession de son père, ne pourra enlever que cette portion à l'institué. On se trouvait ici en présence d'une de ces situations bizarres, dont notre matière présente plus d'un exemple, où l'enfant institué reçoit moins que l'enfant omis qui triomphe dans sa plainte d'inofficiosité. En effet, la fille instituée, ayant reçu sa quarte par le testament, ne pouvait plus rien réclamer. (L. 19, *De inoff. test.*)

Dans ces diverses hypothèses de rescision partielle du testament, l'institué ou les institués dont les droits subsistent restent dans la succession à coté des héritiers *ab intestat*, et il y a échec à la règle *Nemo partim testatus et partim intestatus decedere potest.* En pareil cas, les actions héréditaires, tant actives que passives, se partagent entre toutes ces personnes proportionnellement à l'étendue de leurs droits.

Que décider à propos des dispositions accessoires contenues dans un testament qui ne tombe ainsi que pour partie ? En sa qualité d'héritier *ab intestat*, le *querelans* ne peut être tenu ni des legs ni des fidéicommis. Les legs ne seront ni annulés ni maintenus pour le tout ; ils subiront donc une réduction propor-

tionnelle à la part qui échoit au demandeur en inofficiosité, dans la succession. Quand l'objet du legs est
une chose indivisible, une servitude prédiale, par
exemple, il est évident qu'alors la réduction ne
pourra s'opérer en nature. Elle s'opérera, dans ce
cas, sur la valeur estimative de cette servitude, et le
légataire recevra la portion de cette évaluation pour
laquelle son droit sera maintenu. (L. 76, *De legatis*,
2°, lib. XXXI.)

Les legs, en Droit romain, peuvent avoir pour
objet des choses incorporelles non divisibles, et
co   ister purement et simplement en des affranchissements d'esclaves. Ici, aucune évaluation, et partant
aucune réduction n'est possible ; aussi, les affranchissements sont-ils maintenus dans cette hypothèse.
Mais les esclaves ainsi affranchis devront payer
au *querelans* la valeur du droit dont il aurait hérité
sur eux. (L. 29, *De except. rei jud.* — L. 10, *De inoff.*
test. — L. 13, au Code, même titre.)

En dehors des legs, des fidéicommis et des affranchissements, la *querela* peut encore, lorsqu'elle
triomphe, faire tomber d'autres actes du *de cujus*.
Il en est ainsi notamment de la substitution pupillaire.
Le père étant réputé, par l'effet de la plainte d'inofficiosité, mort *intestat*, son fils impubère, dont il aurait fait le testament, ne pourra mourir *testat*. (L. 2
pr. ; L. 10, § 4 ; L. 16, § 1er, *De vulg. et pupill. subst.*,
lib. XXVIII, t. 6.) Mais il est nécessaire, pour que
ce résultat soit acquis, que le testament tombe dans

son entier; aussi, la substitution pupillaire subsiste-
t-elle, si le testament n'est rescindé que pour partie.
(L. 31 pr., *De vulg. et pup. subst.*)

Une modification très importante fut apportée au
régime de la *querela inofficiosi testamenti* par la Novelle 115, cap. 3, § 11, et cap. 4, § 8. Désormais, la
plainte d'inofficiosité ne fait plus tomber que l'institution; elle ne touche plus aux legs ni aux autres
dispositions accessoires contenues dans le testament;
son seul effet sera de faire réputer le demandeur
qui triomphe institué aux lieu et place de l'héritier
que le testateur s'était choisi. On ne peut donc plus
dire, comme à l'époque classique, que l'institution
est : « caput et fundamentum totius testamenti. »

SECTION II

HYPOTHÈSE DU DEMANDEUR QUI SUCCOMBE

Il nous reste maintenant à envisager, sur la querelle d'inofficiosité, l'hypothèse inverse de celle que
nous venons d'étudier, c'est-à-dire le cas où le *querelans* échoue dans sa plainte.

En pareil cas, le testament était maintenu avec
toutes les dispositions qu'il renfermait, et comme le
querelans avait offensé la mémoire du testateur, par
sa plainte non justifiée, il était frappé d'une peine.
Celle-ci consistait dans la perte des libéralités que le
défunt lui avait laissées. (L. 8, § 14, *De inoff. test.*)

De plus, le *querelans* qui succombait perdait la

quarte à laquelle il aurait eu droit en vertu de la
loi Falcidie ou du sénatus-consulte Pégasien. Mais
il ne perdait pas son droit à la quarte Antonine, car
il ne tenait pas cette dernière de la volonté du disposant; ce n'était là qu'une dette de la succession.

Au surplus, pour que ces résultats se produisent,
il faut que le *querelans* ait agi *proprio nomine*, et qu'il
ait persévéré dans sa plainte jusqu'à la sentence
rendue sur l'inofficiosité. D'où cette conséquence
qu'un tuteur exerçant la *querela* au nom de son pupille ne perdrait aucune des libéralités que le défunt
lui aurait laissées dans le testament attaqué : « Si
pupilli nomine, cui nihil relictum fuerit, de inofficioso egerit, et superatus est ipse tutor, quod sibi
in eodem testamento legatum relictum est, non amit-
tit. » (*Inst.*, § 5, *De inoff. test.*) La solution serait
la même en cas de décès ou de désistement du *querelans* avant le jugement. (L. 8, § 14, *De inoff. test.*)
Il en serait de même, enfin, pour celui qui n'aurait
fait que continuer le procès déjà entamé par une
personne dont il était l'héritier.

CHAPITRE V

Les causes d'extinction de la *querela inofficiosi testamenti* peuvent être groupées sous trois chefs :

1° La mort du demandeur ;

2° La prescription ,

3° La renonciation.

§ 1er. Mort du demandeur.— Nous avons déjà fait remarquer la similitude qui existe entre la querelle d'inofficiosité et l'action *injuriarum*. La cause commune d'extinction que ces deux actions puisent dans la mort du demandeur est un point de ressemblance de plus.

Nous devons faire observer toutefois que l'on s'est montré moins sévère à cet égard en ce qui concerne la *querela*, qu'en ce qui concerne l'action *injuriarum*. Tandis que dans cette dernière le décès du demandeur éteint l'action d'une manière absolue, dans la *querela*, au contraire, la mort du *querelans* ne l'éteint que d'une manière relative. Ainsi, en cette matière, non seulement les héritiers peuvent conti-

nuer l'action commencée et arrivée à la *litis contes-*
tatio, mais ils peuvent encore l'intenter eux-mêmes,
lorsqu'il est constant qu'au moment où il est mort,
leur auteur avait l'intention de l'exercer, et se pré-
parait à le faire. (L. 6, § 2, et L. 7, *De inoff. test.*
— L. 5, au Code, même titre.)

En matière de querelle d'inofficiosité, et en ce
qui concerne le droit des héritiers du parent exhérédé ou omis, la *litis præparatio* équivaut donc à la
litis contestatio. Cette solution se trouve cependant
contredite par un texte de Paul (*Sent., lib. I, t. 13
h. § 4*) : « Petitio hereditatis, cujus defundus litem
non erat contestatus, ad heredem non trans-
mittitur. » Il ne peut évidemment être question,
dans ce texte, de la pétition d'hérédité ordinaire qui,
nous l'avons vu, est perpétuelle et transmissible.
Cette divergence entre les *Sentences* et les autres
textes qui établissent d'une manière formelle la
transmission de la querelle d'inofficiosité simplement préparée dans son exercice permettrait de
supposer que la doctrine favorable à la transmission, en pareil cas, ne se serait pas introduite sans
difficulté, et n'aurait prévalu qu'après controverse.

Quoi qu'il en soit, c'est l'opinion contraire à celle
de Paul qui a été adoptée par Justinien, et ce prince
l'étendit encore en décidant que le *querelans*, mort
deliberante instituto, transmettrait toujours son
action à ses héritiers en ligne descendante. (LL. 34
et 36, au Code, *De inoff. test.*)

§ 2. Prescription. — Nous savons par un passage de Pline le Jeune que primitivement la durée de la prescription de l'action d'inofficiosité était de deux ans. Plus tard, le délai fut porté à cinq ans ; c'est une nouvelle différence avec l'action *injuriarum* qui s'éteint par la prescription annuelle.

Quand ce délai de cinq ans commence-t-il à courir? La question avait été controversée. Modestin voulait que la prescription commençât à courir au jour du décès du testateur. Ulpien pensait au contraire que le point de départ de la prescription devait être l'adition d'hérédité. Cette dernière opinion était plus conforme que la précédente à la nature de l'action d'inofficiosité, puisqu'elle ne pouvait être intentée, comme nous l'avons vu, qu'une fois que l'institué avait fait adition. Il était donc irrationnel de faire commencer le délai de la prescription à un moment où l'héritier légitime se trouvait dans l'impossibilité d'agir.

Aussi Justinien a-t-il confirmé la doctrine d'Ulpien, en y apportant toutefois une innovation pratique d'une grande importance. Pour ne pas prolonger indéfiniment le délai pendant lequel l'institué pouvait être attaqué, il exigea que l'ayant droit à la *querela* fît connaître son intention de se prévaloir de ses droits dans les six mois du décès, s'il habitait dans la même province que l'institué, sinon dans l'année. (L. 36, § 2, au Code, *De inoff. test.*)

§ 3. Renonciation. — La renonciation de celui

qui avait le droit de se porter demandeur en of-
ficiosité pouvait revêtir des formes diverses, et être
expresse ou tacite.

La renonciation expresse résultait, par exemple,
de l'abandon de l'instance engagée, c'est-à-dire du
désistement ; d'un pacte de remise gratuite ; d'une
transaction. (L. 8, § 1, *De inoff. test.*)

Lorsque la transaction intervenait simplement
sous la forme d'une convention entre les parties,
c'est-à-dire sans que le *querelans* fût en possession
de son action, la *querela* n'était pas immédiatement
éteinte ; elle pouvait toujours être intentée, jusqu'à
ce que l'institué eût exécuté la convention. (L. 27
pr., *De inoff. test.*). Il allait de soi que, pour qu'une
transaction fût conclue efficacement entre l'institué et
l'héritier, il fallait que le testateur fût décédé : jusqu'à
ce moment, toute transaction aurait été sans objet.

Enfin, la renonciation à la *querela* pouvait encore
s'induire de tout acte impliquant de la part de
l'héritier un acquiescement aux dispositions éma-
nées du testateur. (L. 23, § 1, *De inoff. test.*) Dès
lors pouvait être considérée comme une renonciation tacite de la part de l'héritier l'acceptation d'un
legs ou de toute autre libéralité contenue à son profit
dans le testament. Mais un fait de cette nature n'aurait pas été un obstacle à ce que l'héritier attaquât
le testament de son auteur par toute autre voie que
celle de la *querela*. (L. 5 pr., *De his quæ ut. ind.*, lib.
XXIV, t. 9.)

Du reste, l'acceptation d'un legs par l'héritier ne saurait lui faire perdre le bénéfice de la *querela*, qu'autant qu'il aurait accepté le legs en son propre nom. Il n'encourrait donc aucune déchéance si la libéralité n'était acceptée par lui que pour être remise à un tiers, sans aucune retenue à son profit. (L. 10, § 1, *De inoff. test.*) Ainsi un tuteur qui accepte un legs fait par son propre père à son pupille, alors qu'il est lui-même exhérédé par le testament, ne saurait être considéré comme déchu de la *querela*.

Si celui à qui compétait l'exercice de la plainte d'inofficiosité avait, par un simple pacte, renoncé à continuer son action, moyennant l'abandon par l'institué d'une partie des biens de la succession, et qu'il vînt à mourir avant l'accomplissement de cette condition, ses héritiers pouvaient attaquer l'institué, pour lui demander l'exécution de la convention, par l'action *præscriptis verbis;* mais ils seraient exclus *ipso facto* de la *querela*, par ce fait que leur auteur serait mort sans intention d'exercer cette action, puisqu'alors il y aurait renoncé de son vivant.

Demandons-nous, maintenant, si les causes d'extinction de la *querela*, que nous venons d'examiner, s'appliquent aussi à l'action en complément de la quarte?

Nous mettons évidemment de côté la renonciation, sur laquelle il existe un texte, la loi 35, § 2, au Code, *De inofficioso testamento*, et que nous admet-

trions comme cause d'extinction de l'action en complément, même en l'absence de texte.

Mais en ce qui concerne la mort du demandeur
et la prescription quinquennale, nous maintenons,
contrairement à l'opinion de certains auteurs, les
solutions que nous avons déjà données quand nous
avons établi un parallèle entre la *querela* et l'action
en complément de la quarte. Comme nous l'avons
déjà dit, les motifs sur lesquels reposent ces deux
actions sont tout à fait différents. Si on conçoit que
la *querela*, action *vindictam spirans*, puisse s'éteindre
en vertu d'événements qui, comme la mort et l'expiration d'un délai assez long, font naturellement
présumer que le ressentiment s'est effacé, il n'en
est pas ainsi quand il s'agit de l'action en complément, basée sur une simple erreur du *de cujus*. De
plus, cette dernière action n'offense pas non plus la
mémoire du testateur, comme la *querela*, qui le
fait réputer avoir perdu la *factio testamenti*, sous
l'empire de la folie.

Dès lors, on ne voit pas sur quoi l'on peut se fonder, les mêmes motifs de décision ne se rencontrant
plus, pour appliquer à l'action en complément de la
quarte deux causes d'extinction spéciales à la *querela* à raison de sa nature.

DROIT FRANÇAIS

DE LA

PROPRIÉTÉ INDUSTRIELLE

AU POINT DE VUE INTERNATIONAL

INTRODUCTION

Historique. — La propriété industrielle forme, avec la propriété littéraire et artistique, l'ensemble des droits qu'on a pris depuis quelques années l'habitude de désigner sous le nom de « propriété intellectuelle », ou simplement de « droits intellectuels (1) ».

On peut dire des institutions juridiques qui garantissent l'exercice de ces droits, qu'elles comptent parmi les plus récentes et les plus caractéristiques de l'état social qui les a fait naître. Elles marquent, par leur développement rapide et ininterrompu depuis moins d'un siècle, la place de jour en jour

(1) *Voir* au sujet de ce nouveau terme juridique : Conférence de M. Picard au barreau belge, bulletin de la Conférence 1873-74, p. 50. — *Journal de droit international privé* 1883, pp. 565 et suivantes.

plus grande, que les travailleurs de l'intelligence
ont su conquérir dans la société moderne.

En vain chercherait-on, dans les législations
anciennes, la trace d'efforts tentés pour constituer
un patrimoine inviolable de leurs œuvres aux écrivains, aux artistes et aux inventeurs. Les plagiaires
ne relevaient alors que de l'opinion publique, et ne
trouvaient guère d'autre répression que la flétris-
sure des épigrammes (1). Il est vrai qu'on ne saurait
comparer le préjudice que ceux-ci causaient à cette
époque, à celui qu'ils feraient éprouver aujourd'hui
aux écrivains. C'est seulement depuis l'invention de
l'imprimerie, que la vente des ouvrages a pu procurer des ressources appréciables aux auteurs;
auparavant, les œuvres le plus universellement admi-
rées ne trouvaient, circulant sous forme de manus-
crits coûteux, qu'un nombre très restreint d'acheteurs. L'écrivain ne tirait de son talent d'autre ré-
munération que la gloire, et confiait à de puissants
et riches protecteurs le soin de pourvoir à ses besoins
matériels. Il les payait en louanges qui, souvent,
constituèrent leur unique passeport pour atteindre
la postérité. D'ailleurs, les auteurs eux-mêmes con-
sidéraient comme peu digne de leur génie de battre

(1) · « Fama refert nostros te, Fidentine, libellos,
      « Non aliter populo, quam recitare tuos.
      « Si mea vis dici, gratis tibi carmina mittam.
      « Si dici tua vis, hæc eme ne mea sint. »
          Martial, *liber primus Epigrammatum*, XXX.

monnaie avec leurs ouvrages(1). Rien d'étonnant,
dès lors, qu'on n'ait pas songé à exiger une réparation pécuniaire du tort que causaient les plagiaires,
puisque leurs victimes ne tiraient aucun ou presque
aucun profit direct de leurs œuvres.

Ce n'est donc pas dans l'antiquité, pas plus à
Rome qu'en Grèce, qu'il nous faut chercher l'origine
d'une législation sur les droits d'auteurs.

Pour d'autres raisons, il serait également inutile
d'y chercher la source d'une législation sur la propriété industrielle.

A Rome comme en Grèce, les ouvriers sont toujours des esclaves, ou tout au moins des affranchis.
Le travail manuel est considéré comme une occupa-
tion avilissante. Comment s'étonner que l'invention,
qui ne peut prendre corps sans un labeur souvent
pénible, où l'intelligence n'est pas toujours seule en
jeu, qui ne se développe et ne se vulgarise qu'entre
les mains des artisans, ait pris, elle aussi, sa part des
dédains qui poursuivaient les esclaves ouvriers ?
D'ailleurs, comment l'idée d'inventer aurait-elle pu
germer et croître chez ces hommes assurés d'a-
vance que les fruits de leur génie seraient cueillis
par un maître ?

C'est donc dans les temps modernes qu'apparaît et
se développe l'idée de protéger les œuvres de l'intel-

---

(1) Nulla taberna meos habeat, neque pila libellos,
Queis manus insudet vulgi, Hermogenisque Tigelli.
Horace, *lib. I, sat. 4.*

ligence. A mesure que s'impose davantage le respect de la personnalité humaine, on voit naître et
grandir l'estime publique pour les œuvres qui sont
les plus pures émanations de cette personnalité. Et
quand, au siècle dernier, on en arrive à trouver dans
le travail la légitimation du droit de propriété, il
faut bien assigner une place à part dans le patrimoine au seul travail vraiment créateur, à celui de
l'intelligence.

Si nous suivons maintenant, dans son évolution historique sous l'ancien régime, l'idée de la protec-
tection de la propriété industrielle, seul objet de
notre étude, nous la voyons intimement liée à l'organisation générale de l'industrie.

Droit de l'inventeur proprement dit. — Prenons
d'abord le droit de l'inventeur que consacre aujour-
d'hui le brevet d'invention.

Au moyen âge, il ne saurait être question d'accorder à l'auteur d'une invention un droit exclusif,
qui soit pour lui la source de profits personnels. Une
solidarité étroite lie alors tous les membres d'un
corps de métier, dans un même centre industriel.
Si un progrès se réalise, il est exploité non par celui
qui en est l'auteur, mais par la collectivité tout
entière. La discipline des corps de métier est rigoureuse ; leurs statuts fixent limitativement les procédés de fabrication ; des fonctionnaires élus, les jurés
gardes, veillent à leur application scrupuleuse.
Qu'un maître découvre une nouvelle méthode de fa-

brication, il ne pourra la mettre en pratique, si elle ne reçoit pas l'approbation de la corporation, et si cette approbation est donnée, la découverte tombera dans le patrimoine commun, sera exploitée par tous les maîtres ses confrères. Impossible sous ce régime de conserver les secrets de fabrication. L'intérêt personnel, ressort de l'activité humaine que rien ne remplace, est donc presque anéanti; l'invention est confisquée par la corporation locale à laquelle appartient l'inventeur.

Plus tard, le gouvernement central cherche à réagir contre cet esprit étroit des corporations. Des privilèges royaux sont accordés aux inventeurs, qui peuvent ainsi tirer un profit personnel de leur travail (1).

Enfin, quand le régime des corporations se généralise en France, quand Colbert ajoute aux statuts des corps de métier des règlements royaux, nul fabricant ne peut, sans s'exposer à des poursuites, expérimenter des procédés de nature à lui permettre de produire à meilleur compte les objets fabriqués par tous ses confrères. C'est l'organisation de l'immobilité dans l'industrie. Grâce au privilège royal seulement, l'inventeur peut échapper aux rigueurs des

---

(1) Ces privilèges furent d'abord concédés à ceux qui importaient une industrie étrangère. Venise accorda, en 1469, à un imprimeur allemand le privilège exclusif d'exercer son industrie sur le territoire de la République; c'est le premier brevet d'importation. En 1551 un privilège est accordé en France pour la fabrication des miroirs de Venise.

règlements. Mais, ainsi que le mot l'indique, le privilège est une faveur octroyée, il implique l'absence d'un droit reconnû. Tantôt il est perpétuel, tantôt temporaire, quelquefois personnel à l'inventeur, d'autres fois transmissible entre vifs ou à cause de mort.

Ce régime dure jusqu'à la Révolution française. Une déclaration de 1762 formule pour la dernière fois quelques règles précises sur la portée et la durée des privilèges. D'après cette déclaration, un privilège accordé pour un temps indéterminé ne doit pas durer plus de quinze ans. Les ayants cause du privilégié doivent justifier de leur aptitude à exploiter l'industrie de leur auteur, s'ils veulent voir confirmer à leur profit la faveur dont celui-ci a été l'objet. Les lettres patentes par lesquelles le privilège est conféré doivent être enregistrées au bailliage de l'exploitation industrielle et au greffe de la Cour.

Dessins et modèles. — L'invention, dans ses applications industrielles, peut avoir un autre objet que celui dont nous venons de nous occuper. Au lieu de mettre au jour un produit nouveau, de créer une méthode nouvelle de fabrication, l'inventeur a souvent pour but de donner à des objets déjà en usage une forme ou un aspect nouveaux. Il obéit alors à des inspirations esthétiques plutôt qu'à des considérations utilitaires. Dans l'état actuel des législations modernes, il aura droit à la protection des lois sur les modèles et dessins industriels.

Sous l'ancien régime, l'organisation des corporations amenait encore dans cette branche de la propriété industrielle les résultats que nous avons si-
gnalés à propos des inventions proprement dites.
La corporation entière bénéficiait des innovations
que le bon goût d'un de ses membres apportait à
la forme ou à l'aspect des produits. Les modèles et
dessins étaient la propriété commune des industriels
d'une même ville et d'un même corps de métier.
Pourtant, en cette matière, un pas de plus a été
franchi sur la route qui mène à la reconnaissance
d'un droit personnel à l'inventeur. En 1744, les statuts de la corporation lyonnaise des soieries, homolo-
gués par arrêt du conseil, prononcent des peines
sévères contre ceux qui contrefont les dessins d'un
autre membre de la corporation. Ces dessins sont
déposés au siège de la corporation par leurs auteurs
auxquels un droit perpétuel est assuré. Mais ces statuts ne s'appliquaient qu'entre fabricants lyonnais,
et les dessins déposés et protégés à Lyon étaient
contrefaits impunément à Avignon, à Tours, à Nî-
mes. En 1787, les Lyonnais réclamèrent et obtinrent pour leurs dessins la protection dans tout le
royaume. Les contrefacteurs purent être poursuivis
partout, mais l'arrêt du Conseil (14 juillet), qui consacrait ce principe, réduisait à une durée de quinze
ou de six ans le droit garanti par le dépôt. Par une
faveur spéciale du roi, les fabricants lyonnais
obtinrent que l'arrêt de 1744, qui reconnaissait

la perpétuité du droit, resterait en vigueur.

Certain modèles, ceux de la manufacture de Sè-
vres, et ceux des maîtres fondeurs, avaient été l'objet d'une réglementation spéciale (arrêt du conseil
du 17 janvier 1787, art. 5 ; — arrêt du Parlement
du 30 juillet 1766 approuvant le règlement des maîtres fondeurs élaboré le 21 avril 1766), grâce à laquelle les contrefacteurs pouvaient être condamnés
à des dommages-intérêts assez élevés, et à une
amende prononcée en partie au profit du roi et en
partie au profit de la corporation. Le dépôt du modèle se faisait au bureau de la Communauté.

Marques. — L'ancien régime a bien connu l'usage
des marques apposées sur les produits manufactu-
rés, mais les règlements qui prescrivaient et organi-
saient cet usage avaient un but bien différent de
celui que poursuivent les législations modernes sur
cette matière. Aujourd'hui, la loi protège le fabricant
contre le concurrent déloyal qui cherche, au moyen
d'une contrefaçon de marque, à lui voler sa clientèle. Sous l'ancien régime, la marque individuelle,
obligatoire, qui accompagnait sur le produit la marque collective de la corporation, était destinée à désigner aux jurés gardes le fabricant coupable d'a-
voir transgressé les prescriptions statutaires, en
mettant en circulation un objet mal manufacturé ou
obtenu par des procédés prohibés.

On voit, par cette revue très rapide des principes
autrefois admis en matière de propriété industrielle,

que nous avions raison de dire, en commençant, que
cette branche du droit est de création relativement
toute récente. Parmi les questions soulevées par
l'application des lois sur ce sujet, il n'en est pas de
plus intéressantes et de plus neuves que celles qui
naissent dans les rapports internationaux. Le commerce de nation à nation, facilité par la rapidité
toujours croissante des communications, a pris,
depuis un demi-siècle, de tels développements, qu'il
n'est pas d'établissement industriel d'un peu d'importance, qui n'étende sa sphère d'action au delà
des frontières.

Les législateurs et les diplomates se sont appliqués
à résoudre les difficultés qu'on a rencontrées chaque jour sur ce terrain jadis inexploré; après avoir
tenté de trouver la solution désirée dans les législations nationales, puis dans les traités passés avec
chaque État voisin, on en est venu à reconnaître
qu'une union des pays civilisés, constituée dans le
but de donner partout une solution identique aux
questions posées, était le seul moyen d'assurer aux
intérêts en cause la sécurité d'une législation claire,
formulée dans un texte unique. C'est vers ce but
qu'ont tendu les derniers efforts des hommes d'État,
et le premier pas dans cette voie a été marqué par la
Convention internationale du 20 mars 1883. Nous
examinerons si les résultats obtenus ont répondu aux
espérances qu'avait fait naître l'apparition de cette
idée d'entente universelle, ou si, au contraire, ils

n'ont pas démontré que ces espérances étaient pour le moins prématurées.

Notre sujet se trouvera divisé naturellement en trois parties. Dans la première, nous étudierons le régime international de la propriété industrielle, tel qu'il est établi par les législations intérieures, et en particulier par la législation française; dans la seconde, nous passerons en revue les modifications que les traités internationaux, et spécialement la Convention de 1883, ont dû apporter à l'organisation nationale de la protection; enfin, dans la troisième, et sous forme de conclusion, nous nous demanderons s'il ne reste pas encore quelque chose à faire pour assurer à la propriété industrielle la plus grande somme possible de protection.

Mais avant d'entrer dans l'examen de ces questions de Droit international, il nous paraît nécessaire d'indiquer très rapidement sur quelles bases est établi, en France et dans les principaux pays civilisés, le système législatif destiné à garantir la propriété industrielle. Ce sera l'objet d'un chapitre préliminaire, où nous nous garderons bien d'essayer un commentaire même écourté des lois sur la matière (plusieurs volumes ne seraient pas de trop pour réaliser une telle ambition), mais où nous tâcherons de montrer les différents points de vue auxquels se sont placés les législateurs modernes, dans l'organisation de la protection de la propriété industrielle.

CHAPITRE PRÉLIMINAIRE

Limiter le domaine des droits protégés, indiquer les conditions d'obtention des titres qui les consacrent, classer les moyens de répression qu'ont adoptés les diverses législations contre les usurpateurs de propriété industrielle, tel est l'objet principal de ce chapitre.

§ 1er

Etendue de la protection.

1° *Brevets d'invention.* — Un brevet d'invention, c'est un titre en vertu duquel une personne a seule le droit de tirer un profit industriel d'un nouveau produit, d'un nouveau moyen de fabrication, ou de l'application nouvelle de moyens connus. (Art. 1 et 2 de la loi du 5 juillet 1844.) C'est un monopole destiné à rémunérer le travail d'invention.

La loi française de 1884 n'indique pas limitativement quels sont les objets brevetables ; il faut en conclure qu'en principe elle protège tous les genres d'industrie. Le mot *industrie* doit être pris ici dans

son sens économique, sans quoi on ne saurait où
s'arrêter dans la voie des exclusions. En conséquence,
la théorie des brevets d'invention doit s'appliquer
même à l'industrie agricole, sauf à faire remarquer
qu'en agriculture les brevets de produit seront rares,
car il est impossible de concéder à quelqu'un le droit
exclusif d'utiliser un produit de la nature. Mais il y
aura souvent possibilité de faire breveter un moyen
de préparation des produits, une application industrielle nouvelle d'une plante, par exemple.

La loi française n'édicte que deux restrictions au
principe que nous venons de poser. Elles concernent
les compositions pharmaceutiques ou remèdes, et les
plans et combinaisons de crédit ou de finances.
(Art. 3 de la loi du 5 juillet 1844.)

En déclarant non brevetables les produits pharmaceutiques et les remèdes, le législateur a voulu
empêcher le charlatanisme de s'exercer aux dépens
de la santé publique, et permettre à la concurrence
de provoquer la baisse du prix de ces objets. Ces
deux résultats, on peut affirmer qu'ils n'ont pas été
obtenus : au moyen de dénominations de fantaisie,
les fabricants de remèdes ont atteint le même but que
leur aurait fait toucher la délivrance d'un brevet ;
ils ont demandé à la loi des marques, ce que leur
refusait la loi de 1844, et l'expérience a prouvé que
la réclame et le charlatanisme y trouvaient une matière plus que suffisante. Quant au bon marché des
produits, il n'a pas été obtenu davantage. Il était

donc inutile de faire cette restriction au principe de la brevetabilité.

Quant aux plans de finances et de crédit, le législateur, en les déclarant non brevetables, a voulu empêcher l'État de devenir, à un moment donné, tributaire d'un particulier qui se serait assuré le monopole d'exploitation d'un plan de finances. La disposition de la loi paraît déplacée au milieu d'articles destinés à régir des rapports de droit industriel. Il n'y a pas là, en effet, un objet industriel. Il faut rechercher dans une raison historique la décision de notre loi de 1844. On a suivi un peu trop servilement ce qui avait été fait en 1792 (20 septembre), dans le but de prévenir le débordement des plans financiers que la détresse des fonds publics avait fait éclore. Nombre de chevaliers d'industrie avaient fait breveter alors des combinaisons de tontines (tontine Lafargue), des systèmes d'échange, de contrôle, de garantie des assignats. On voulut empêcher l'extension exagérée d'un pareil système. La loi du 20 septembre 1792 déclara nuls les brevets pris, et empêcha d'en prendre dans l'avenir pour des objets analogues. La loi de 1844 a suivi sa devancière dans cette voie, bien que le mal, qu'on voulait combattre en 1792, ait cessé d'exister, et que, en l'absence de toute prohibition expresse, il fût permis de croire que la loi de 1844 ne pouvait s'appliquer à une matière aussi étrangère au droit industriel.

Quelle que soit la valeur législative des dispositions de notre loi concernant les plans de finances et
de crédit et les produits pharmaceutiques, il faut
dire que celles relatives à ces derniers ont été re-
produites dans presque tous les pays étrangers.
L'Angleterre et les États-Unis ont seuls permis de
breveter les produits pharmaceutiques et les remèdes.

Dans d'autres pays, une disposition spéciale empêche d'obtenir un brevet pour la découverte d'un
produit chimique. Telles sont les lois allemande de
1877, et luxembourgeoise de 1880. La loi suisse
de 1888 a pris un chemin détourné pour arriver au
même but. Elle dispose en son article premier que :
« La Confédération suisse accorde, sous forme de
brevets d'invention, aux auteurs d'inventions nouvelles applicables à l'industrie et *représentées par des
modèles*, ou à leurs ayants cause, les droits spécifiés
dans la présente loi. »

Cette nécessité d'être représentées par des modèles exclut du bénéfice de la loi les inventions
ayant pour objet des substances nouvelles ou des
procédés chimiques, s'ils ne sont pas nécessairement
liés à un appareil spécial. On a fait là une concession à l'industrie des produits chimiques, qui s'était
toujours montrée hostile à l'introduction en Suisse
d'une législation sur les brevets.

2° *Dessins et modèles.* — Le droit de l'inventeur
d'un dessin ou d'un modèle de fabrique est un mo-

nopole temporaire ou perpétuel, suivant les pays et les législations. En France, c'est une loi du 18 mars 1806, qui organise la protection des dessins de fabrique; elle a été complétée par une ordonnance royale du 17 août 1825. La loi de 1806, qui chargeait de recevoir les dépôts de dessins le conseil des Prud'hommes de Lyon, fonctions qui passèrent aux conseils ultérieurement créés dans d'autres villes, ne parlait pas des modèles des industriels. La jurisprudence n'a pas moins appliqué aux modèles les dispositions relatives aux dessins, et elle a été suivie dans cette voie par le pouvoir exécutif, qui a chargé les conseils de Prud'hommes par lui institués de recevoir les dépôts de modèles. (Décret du 5 juin 1861, décidant que le dépôt des dessins et modèles des étrangers doit être fait à Paris, au conseil des Prud'hommes. — Cass., 21 mars 1884, Pataille, 1884, p. 244.)

Les lois autrichienne, italienne et russe, sont les seules qui aient tenté de donner une définition du droit de l'inventeur d'un dessin ou d'un modèle. La loi anglaise et la loi des États-Unis ont énuméré limitativement les choses qui pouvaient faire l'objet de ce droit. La loi française et les lois allemande et suisse ont renoncé à toute définition et à toute énumération limitative. La loi suisse du 21 décembre 1888 se contente, dans son article 2, de distinguer les dessins et modèles des œuvres d'art (1).

(1) Cette loi, publiée dans le courant de janvier 1889, n'a été l'ob-

En l'absence d'un texte, les tribunaux gardent un un pouvoir illimité d'appréciation. Ils reconnaissent que le droit qui nous occupe s'applique à tous les genres d'industrie, qu'il peut être reconnu au profit d'un fabricant ou d'un employé à son service, enfin qu'il est indépendant de la valeur industrielle du dessin lui-même ou du modèle. (Des rayures formant les figures les plus simples, des combinaisons de nouvelles couleurs sur un dessin ancien, peuvent faire l'objet d'un dépôt valable.)

Il importe de distinguer avec soin le dessin industriel de l'œuvre d'art proprement dite. Dans le premier cas, c'est la loi de 1806 qui devra s'appliquer; dans le second, c'est la loi du 19 juillet 1793 qui protégera la production artistique. Divers critériums ont été proposés pour arriver à la délimitation exacte des domaines respectifs de ces deux lois. Nous croyons inutile de les reproduire ici tous; ils ont d'ailleurs le défaut commun d'être trop absolus pour se prêter aux applications multiples et variées que la pratique de tous les jours fait naître. La jurisprudence s'est arrêtée au parti le plus sage, croyons-nous; elle applique la loi de 1793 aux auteurs de dessins qui n'ont eu pour but que de faire une œuvre d'art, sans prévoir que cette œuvre pourrait être l'objet de reproductions industrielles; elle applique la loi de 1806 aux dessins créés ou réédités dans le

jet d'aucune proposition de referendum, et est entrée en vigueur le 1er juin dernier.

seul but d'orner un produit industriel. C'est ce qu'on appelle la doctrine de la destination. Elle laisse un large pouvoir d'appréciation aux juges, et nous paraît, à ce titre, moins dangereuse que tous les autres systèmes aux apparences plus scientifiques, aux conséquences plus absolues.

3° *Marques de fabrique.* — Le droit du titulaire d'une marque n'est pas, comme ceux que nous venons d'examiner, un monopole constitué dans le but de rémunérer le travail d'invention. Les lois sur les marques n'ont pas d'autre objet que de réprimer la concurrence déloyale. De toutes celles qui forment la législation de la propriété industrielle, elles sont assurément les moins sujettes à être critiquées dans leur principe. On peut s'expliquer, en effet, qu'au nom de la liberté du travail plus ou moins bien entendue, on vienne combattre les lois sur les brevets, ou même sur les dessins et modèles, qui établissent des monopoles souvent gênants ; mais on ne saurait comprendre une opposition aux lois des marques, uniquement destinées à empêcher la spoliation des réputations laborieusement conquises. Il ne faut donc pas s'étonner que tous les pays civilisés aient maintenant une législation des marques, tandis qu'il en existe encore où les brevets d'invention sont inconnus (1).

La loi française du 23 juin 1857, sur les marques

_____

(1) La Hollande attend encore le vote d'une loi sur les brevets qui vienne remplacer celle de 1817, abolie depuis 1869. — La Suisse a sa législation des brevets seulement depuis le 29 juin 1888.

emblématiques, s'applique à tous les genres d'industrie, à tous les genres de commerce. Ceux-là même
qui ne pourraient bénéficier de l'application de la
loi des brevets, en raison de la nature de leurs produits, comme les inventeurs de produits pharmaceutiques ou de remèdes, peuvent apposer sur les mêmes
produits des marques déposées aux termes de la loi.
La vente des produits de la nature, comme les eaux
minérales, peut être protégée par la loi des marques.

À côté de la loi de 1857, restent en vigueur, en
France et dans plusieurs États étrangers, des règlements spéciaux, aux termes desquels certaines marques ou poinçons doivent être appliqués sur les
produits de quelques industries déterminées (sur les
objets d'or et d'argent notamment). Nous ne nous
occuperons pas de ces dispositions législatives ou
réglementaires, qui n'ont rien de commun avec la
propriété industrielle.

L'article 1ᵉʳ, alinéa troisième, de la loi de 1857 est
ainsi conçu : « Sont considérés comme marques de
fabrique et de commerce les noms sous une forme
distinctive, les dénominations, emblèmes, emprein-
tes, timbres, cachets, vignettes, reliefs, lettres, chiffres, enveloppes et tous autres signes servant à distinguer les produits d'une fabrique ou les objets
d'un commerce. »

Remarquons que la loi parle des noms *sous une
forme distinctive* ; c'est qu'en effet le nom commercial, s'il n'est pas accompagné d'un emblème ou

n'affecte aucune forme particulière (s'il est simplement écrit ou imprimé sur les produits ou leurs enveloppes avec les caractères ordinaires de l'écriture ou de l'imprimerie), n'est pas protégé comme marque par la loi de 1857, mais par la loi du 28 juillet 1824.

Il s'en faut de beaucoup que toutes les législations aient été aussi larges que la nôtre, dans i'énumération des signes susceptibles d'être déposés comme marques. Beaucoup d'entre elles prohibent l'emploi des armoiries ou insignes de l'autorité publique ; telles sont : la loi suisse, art. 4 ; la loi portugaise, art. 1" ; la loi autrichienne, art. 3 ; la loi espagnole, art. 7 ; la loi hollandaise, art. 1 ; la loi anglaise, art. 7. Souvent aussi les marques constituées seulement par des lettres, des mots et des chiffres, ne peuvent être enregistrées valablement. Il en est ainsi en Allemagne, art. 10 ; en Angleterre, art. 64 ; en Autriche, art. 3 ; en Suisse, art. 4 ; en Danemark, art. 6 ; en Hollande, art. 1".

Nous verrons dans la suite de notre étude, quelles grandes difficultés a fait naître cette diversité de législations, et nous examinerons les moyens qu'on a proposés pour arriver à les surmonter.

§ 2

Conditions de délivrance du titre de propriété industrielle.

Chaque législation fixe souverainement les conditions que doivent remplir l'invention, le dessin ou la marque de fabrique, pour faire l'objet d'un droit

exclusif au profit de celui qui en fait la demande. La
principale condition, celle qui s'applique à toutes
les branches de la propriété industrielle, c'est la
nouveauté. Quelle autorité sera compétente pour décider si l'invention prétendue est réellement nouvelle? Si elle est susceptible, en outre, d'une application industrielle, ainsi que le réclament également
toutes les législations? Fera-t-on subir à la demande
une épreuve préalable à la délivrance du titre, ou
bien le titre sera-t-il délivré par l'Administration
sans contrôle, sauf aux intéressés à se pourvoir
contre le défaut de droit du titulaire? Les législations modernes ont répondu à ces questions par
l'institution de trois systèmes principaux, que nous
allons exposer brièvement.

1° Système du non-examen préalable. — C'est la
solution de la législation française, aussi bien en ce
qui concerne les brevets que pour les dessins et modèles et les marques.

A *priori*, l'Administration est considérée comme
incapable de se prononcer sur la nouveauté d'une
invention ; le brevet doit être délivré à celui qui en
fait la demande, pourvu que les formalités requises
aient été observées. Toute demande régulière doit
être suivie de l'obtention du titre. Si l'invention ne
remplit pas les conditions de fond exigées par la loi,
les intéressés, c'est-à-dire les concurrents du breveté (et même le ministère public, comme partie
principale dans certains cas, comme partie inter-

venante dans les autres), auront la ressource de demander la nullité du brevet invoqué contre eux. Dans une seule hypothèse, la loi française a dérogé à ce principe : c'est dans le cas où la demande porte sur un produit pharmaceutique ou un remède. Alors, l'administration peut, de son propre mouvement, refuser de délivrer le brevet. Le système préventif est ici substitué, par exception, au système répressif de droit commun.

On a fait au système français diverses critiques qu'il nous suffira d'indiquer. Entrer dans la discussion approfondie de cette grave question nous ferait évidemment sortir du cadre que nous nous sommes tracé. On a dit que le non-examen préalable favorisait d'une façon exagérée l'accroissement du nombre des brevets, qu'il en résultait une grave atteinte à la liberté du travail ; on a même prétendu que l'inventeur était la première victime d'une pareille législation, qui le livrait aux attaques réitérées de ses concurrents, désireux de faire prononcer la nullité du brevet. Il est facile de répondre qu'en fait les brevets demandés et délivrés en grand nombre, grâce à ce système, tombent rapidement dans le domaine public, par suite de la déchéance prononcée par la loi en cas de non-paiement des annuités. Les inventions sans importance sont vite éléminées par l'application de cette déchéance. Quant à l'intérêt du breveté à ne pas voir son exploitation entravée par d'incessantes actions en nullité, nous ne le méconnais-

sons pas ; mais nous pensons que le système de l'examen préalable, qui le livre aux caprices et à l'arbitraire d'une administration le plus souvent incom-
pétente, présente des inconvénients qui dépassent de
beaucoup ceux qui résultent de l'application de notre loi.

La Belgique (1854), l'Espagne (1878), le Luxembourg (1880) ont adopté le même système que la
loi française en matière de brevets d'invention. Il en
est de même de l'Italie et du Brésil. Cependant, la
loi italienne (art. 49) fait une exception en ce qui
concerne les brevets demandés pour des denrées
alimentaires ; ceux-ci sont soumis à l'examen d'une
commission sanitaire. La loi brésilienne soumet
aussi à un examen préalable les seules demandes de
brevets ayant pour objet les denrées alimentaires ou
les produits chimiques ou pharmaceutiques (art 3) ·

En matière de dessins et modèles, la loi anglaise
de 1883 est, croyons-nous, la seule qui ait admis un
examen préalable. Partout ailleurs qu'en Angleterre,
les modèles et dessins sont déposés et les titres délivrés sans examen. D'ailleurs, les dépôts sont souvent
tenus secrets. La loi allemande de 1876 permet au déposant d'effectuer son dépôt soit à découvert, soit sous
pli cacheté. En France, le pli qui renferme les dessins n'est ouvert par l'Administration qu'en cas de
contestation sur la propriété dudit dessin, ou à l'expiration de la période de protection, si le dépôt a été
fait pour un temps déterminé.

Le non-examen préalable est, en ce qui concerne les marques, admis par les législations suivantes : loi allemande du 30 novembre 1874 ; loi austro-hongroise du 7 décembre 1858 ; loi belge du premier avril 1879. D'après ces lois, toute demande régulière en la forme doit être suivie d'une délivrance de titre.

2° Système de l'examen préalable. — Nous savons ce qui le caractérise, par opposition au système précédent. C'est le pouvoir conféré à l'Administration de refuser une demande, après avoir examiné si elle satisfait aux conditions de la loi.

Aux États-Unis et en Russie, ce système est appliqué aux inventions brevetables. L'Administration y examine si la prétendue invention est nouvelle et utile. Si la réponse est affirmative, le titre est délivré, si non, notification du refus est faite aux intéressés. Après cette épreuve, le breveté n'est pas encore certain de posséder un titre valable, car une action en nullité reste ouverte aux tiers contre lui.

Aux États-Unis (loi de 1878), quand une demande a été refusée après examen, un recours est ouvert au déposant, devant un comité composé de trois examinateurs d'un grade supérieur à celui du fonctionnaire qui a statué ; s'il est débouté de sa demande par le comité, il peut encore en appeler au commissaire des patentes, et enfin une action lui est ouverte devant une autorité judiciaire, la Cour supé-

rieure du district fédéral. Même entouré de ces
garanties offertes à l'inventeur, ce système laisse
encore trop de place à l'arbitraire administratif. Il
ne saurait d'ailleurs être transporté dans un pays
où, comme en France, on considère la séparation
des pouvoirs comme une des bases du droit public.
Nous ne pourrions admettre ces degrés différents
de juridictions administratives, contrôlées en fin de
compte par une autorité judiciaire.

3° Système de la procédure provocatoire. — C'est
le système suivi pour les brevets en Angleterre
(1883), en Allemagne (1877), en Suède (1884), et en
Norwège (1885).

Voici quelle est l'idée essentielle de cette théorie.
La demande effectuée, l'invention est rendue publique; un certain délai, variable avec les législations,
est imparti aux tiers pour faire opposition à la délivrance du titre. Les oppositions sont jugées par un
tribunal spécial, ou l'autorité judiciaire de droit
commun. Si les oppositions sont écartées, le droit
de l'inventeur est reconnu, le brevet lui est concédé. Si les opposants parviennent à prouver que l'invention, par exemple, n'est pas brevetable, la demande de brevet est rejetée.

Dans le cas où le brevet est délivré, soit parce
que la demande n'a pas été frappée d'opposition
dans les délais, soit parce que les opposants ont été
déboutés de leurs prétentions, l'action en nullité
reste néanmoins ouverte aux intéressés. Le juge-

ment sur opposition n'est qu'un préjugé en faveur de l'inventeur.

Ce système écarte un grand nombre de brevets, d'autant plus qu'il se complète par le droit accordé à l'Administration de rejeter d'office les demandes dans certains cas. Ainsi, en Suède (loi du 16 mai 1884, art. 6), l'autorité brevetante doit refuser la délivrance du titre immédiatement : « Si l'objet de l'invention n'est pas de nature à être breveté ; si, selon toute évidence, l'invention n'est pas nouvelle ; si le demandeur, ayant désigné une autre personne comme inventeur, n'a pas fourni la preuve qu'il est l'ayant droit de cette personne ; enfin s'il a négligé de joindre à la demande le montant de la taxe exigée. » Les deux dernières hypothèses pourraient donner lieu à une fin de non-recevoir même dans les pays de non-examen, comme viciant la forme de la demande ; mais les deux premières donnent lieu à un véritable examen préalable du fond du droit.

Notons qu'en Angleterre l'opposition n'est pas admise pour défaut de nouveauté ; l'action en nullité, après délivrance du brevet, est seule ouverte. C'est un recul considérable vers les idées françaises.

Le principal inconvénient du système de la procédure provocatoire est de favoriser les collusions entre le breveté et les opposants, pour obtenir une décision préjugeant du droit au brevet.

En 1878, un Congrès de la propriété industrielle, réuni au Trocadéro pendant l'Exposition universelle, a admis un procédé nouveau pour mettre les inventeurs à l'abri des illusions qu'ils se font si facilement sur la réalité de leur invention. C'est le système qu'on a appelé « l'avis préalable ». L'Administration, saisie d'une demande, donne au déposant son avis sur la valeur du brevet; si l'inventeur insiste, un brevet lui est délivré à ses risques et périls; s'il se conforme à l'avis défavorable qu'on lui donne et ne donne pas suite à sa demande, le brevet ne lui est pas remis.

La loi suisse du 29 juin 1888 (art. 17, *in fine*) a adopté ce système.

§ 3

Restrictions à l'exercice du droit exclusif.

Certaines législations ont édicté, dans l'intérêt public, des mesures qui restreignent l'exercice du droit des brevetés. Elles ont permis, dans certains cas, l'expropriation du brevet moyennant une indemnité; ou bien elles ont contraint le titulaire à laisser exploiter l'invention par certaines personnes, sous des conditions déterminées. Ce dernier système a reçu le nom de système des licences obligatoires.

L'expropriation pour cause d'utilité publique est prononcée, notamment par la loi suédoise (art. 17) et la loi norvégienne (art. 9). D'après ces deux lois, l'État peut être autorisé, nonobstant opposition du breveté, à exploiter l'invention même quand le brevet reste valable à l'égard de tous autres. Cette disposition vise surtout les inventions utilisables pour l'armée et la marine.

Le système des licences obligatoires est né du désir de concilier l'intérêt public avec l'intérêt du breveté ; il a pour but de remédier aux inconvénients d'un monopole concédé à un titulaire incapable de l'exploiter dans des conditions désirables.

Le fondement de ce système réside dans la proposition suivante : l'Administration peut contraindre le breveté à accorder le droit d'exploiter son invention, dans certains cas déterminés. La doctrine de la licence obligatoire est récente. Elle est née, il y a une vingtaine d'années, de l'agitation que les adversaires des brevets d'invention ont soulevée en Angleterre et en Allemagne contre cette institution. C'est une transaction proposée par les partisans des brevets. Le Congrès de Vienne, en 1873, adopta ce système, et les lois allemande et anglaise l'ont consacré.

D'après la loi anglaise, sur la demande d'un industriel, l'Office des patentes peut mettre un breveté en demeure d'accorder des licences moyennant une indemnité, mais seulement si le brevet a été délivré depuis trois ans. Si l'injonction de l'Office reste sans résultat, si le breveté refuse de concéder des licences moyennant un prix jugé convenable, la déchéance du brevet est prononcée. Dans le cas où le breveté défère à la mise en demeure de l'Administration, les règles ordinaires du contrat de licence s'appliquent.

Les particuliers peuvent aussi provoquer l'intervention du *Patent Office*, pour obtenir une licence, dans trois cas : 1° si l'invention n'est pas exploitée en Angleterre ; 2° si l'exploitation est insuffisante pour les besoins des consommateurs ; 3° quand l'invention brevetée est connexe d'une autre invention également brevetée, et qui ne peut être exploitée séparément d'elle.

Le Congrès du Trocadéro, en 1878, s'est prononcé contre ce système. Néanmoins, la loi la plus récente, celle de la Suisse, a consacré ce système, dans son article 12. Aux termes de cet article « le propriétaire d'un brevet qui se trouverait dans l'impossibilité d'exploiter son invention, sans utiliser une invention brevetée antérieurement, pourra exiger du propriétaire de cette dernière l'octroi d'une licence, s'il s'est écoulé trois ans depuis le dépôt de la demande relative au premier brevet, et que la nouvelle invention ait une réelle importance industrielle ». La suite de l'article est encore plus curieuse et constitue une innovation dont on ne peut contester le caractère de haute équité : « Si la licence est accordée, le propriétaire du premier brevet aura réciproquement le droit d'exiger aussi une licence l'autorisant à exploiter l'invention nouvelle, pourvu qu'elle soit à son tour en connexité réelle avec la première. »

§ 4

Durée du droit exclusif.

Toutes les législations n'accordent aux inventeurs qu'un droit temporaire, elles ne diffèrent que par le nombre plus ou moins grand d'années assigné à la durée du brevet. La fixation de cette durée du droit est forcément un peu arbitraire, mais elle révèle aussi le degré de faveur attachée à l'institution des brevets dans chaque pays.

En France, le brevet peut être pris, au gré du déposant, pour cinq, dix ou quinze années au maximum.

Dans d'autres pays, la durée du droit est invariablement déterminée par la loi. Ainsi, en Angleterre, les brevets sont valables pour quatorze ans; au Brésil, en Allemagne, en Italie, en Suède et en Suisse pour quinze ans; aux États-Unis pour dix-sept ans; en Espagne et en Belgique pour vingt ans. En Norwège, la durée du brevet n'est que de dix ans.

En Russie, l'Administration fixe la durée du brevet d'après l'importance qu'elle attribue à l'invention.

Toutes les législations soumettent le breveté à l'obligation de payer une taxe annuelle, et prononcent la déchéance du droit exclusif en cas de non-paiement de cette taxe.

— L'auteur d'un dessin ou d'un modèle de fabrique peut, en France, se réserver un droit exclusif à perpétuité, pourvu qu'il fasse le dépôt pour un temps indéterminé ; mais le déposant pourra spécifier qu'il n'entend s'approprier le droit privatif que pendant une, trois, cinq années, etc.

Toutes les législations étrangères repoussent la perpétuité du droit ; les unes fixent la durée du monopole pour chaque genre d'industrie ; d'autres laissent au déposant la liberté de demander une durée plus ou moins grande dans les limites d'un maximum déterminé.

En Angleterre, par exemple, les industries étaient divisées en treize classes avant 1883, et à chacune de ces classes correspondait un délai de jouissance du droit de l'auteur d'un dessin ou d'un modèle. Depuis 1883, ce système n'est plus suivi pour un assez grand nombre d'industries ; le délai de cinq ans leur est uniformément appliqué. Mais la loi de 1883 ne s'applique pas à toutes les catégories de dessins ; beaucoup restent encore sous l'empire de la loi ancienne.

En Allemagne, le déposant peut se réserver le droit exclusif pendant une période de une à trois années, mais par déclaration postérieure au premier dépôt, il lui est loisible de requérir une prolongation de son monopole jusqu'à un maximum de quinze ans.

La loi suisse du 21 décembre 1888 permet au dé-

posant de s'assurer à son choix un droit de deux,
cinq, dix ou quinze ans (art. 5).

En Autriche, le droit exclusif est de trois ans pour
toutes les industries, sans qu'il soit possible à l'auteur d'un dessin ou d'un modèle ̈d'obtenir une prolongation d'exploitation exclusive. Il ne s'agit plus
de déterminer la durée du droit, quand on parle
des marques de fabrique et de commerce; toutes
les législations permettent aux propriétaires de
marques d'en garder indéfiniment la jouissance
exclusive. Mais toutes aussi, dans l'intérêt des
tiers, exigent qu'un dépôt soit effectué, qui assurera à l'emblème déposé la protection d'une loi
spéciale. Quelques législations, pour contraindre
à effectuer le dépôt, ont même décidé qu'il serait
attributif de propriété, c'est-à-dire que l'emploi
d'une marque par un contrefacteur ne pourrait
être puni en l'absence d'enregistrement, et que la
priorité de dépôt déterminerait le droit à la marque (1).

Tel n'est pas le système de la loi française. Chez
nous, le dépôt est seulement un mode de publicité
destiné à enlever aux contrefacteurs le bénéfice de

---

(1) Le dépôt est attributif en Allemagne, dans la République Argentine (sauf à l'égard des étrangers), dans l'Australie du Sud, en
Autriche-Hongrie, au Canada (sauf pour les étrangers), au Chili, en
Danemark, en Espagne, en Norwège, en Russie, en Suède, en Uruguay. En Angleterre et dans la colonie du Cap, il est déclaratif pen
dant cinq ans, attributif ensuite. Partout ailleurs, comme en France,
il est simplement déclaratif.

l'exception de bonne foi, et à les rendre passibles des peines édictées par la loi pénale. Il est en même temps une preuve qu'au moment où il a été effectué, le déposant se servait déjà de la marque ; mais l'usage par un confrère, antérieurement au dépôt, suffit pour faire refuser au titulaire de la marque déposée le droit exclusif de l'employer ; un dépôt postérieur, précédé d'un usage antérieur, est un titre de propriété préférable. Ce n'est pas la date du dépôt, mais celle de l'usage qui décide le procès.

Les effets du dépôt étant ainsi déterminés dans chaque législation, pendant combien de temps seront-ils produits? En France, le dépôt produit ses effets pendant quinze ans, mais on peut le renouveler indéfiniment pour une nouvelle période de quinze années.

En Angleterre, le dépôt conserve le droit pendant quatorze ans, en Allemagne pendant dix ans, en Belgique indéfiniment dans le silence de la loi, au Brésil pendant quinze ans, au Canada de même, au Chili pendant vingt ans, en Danemark pendant dix ans, aux États-Unis pendant trente ans, en Espagne indéfiniment, de même en Italie, en Norwège pendant dix ans, en Suède pendant dix ans, en Suisse et en Turquie pendant quinze ans, en Uruguay pendant dix ans.

§ 5

Caractère de la répression des atteintes portées à la propriété industrielle.

Comment réprimera-t-on la contrefaçon ? Sera-t-elle traitée comme un délit civil et ne donnera-t-elle lieu qu'à une condamnation à des dommages-intérêts prononcés au profit de la partie lésée, ou bien sévira-t-on contre elle avec plus de rigueur, lui appliquera-t-on les sévérités de la loi pénale, l'amende, la prison ? Telle est la question que se sont posée les législateurs de tous les pays.

En ce qui concerne la contrefaçon d'objets brevetés, la loi française prononce contre elle, qu'elle qualifie de délit, des condamnations assez sévères à l'amende et à la prison. Il en est de même en Italie, en Autriche, en Allemagne, en Espagne, en Luxembourg, au Brésil, en Suède, en Norwège, en Suisse.

En Angleterre, aux États-Unis et en Belgique, la contrefaçon est traitée comme un délit purement civil.

— La loi de 1806 n'a pas prononcé de peine contre les usurpateurs de dessins ou modèles industriels; néanmoins, la jurisprudence a trouvé, dans l'article 425 du Code pénal, un texte à appliquer aux contrefacteurs. Elle prononce contre eux les peines édictées contre les usurpateurs de propriété artistique. Dans les détails d'application, pour l'appréciation de la complicité, par exemple, elle transporte ici certaines règles établies par la loi de 1844 sur les brevets.

Les législations étrangères sont divisées : la loi anglaise et la loi des États-Unis ne prononcent pas de condamnations pénales. La loi allemande de 1876 punit le contrefacteur d'une amende qui peut aller jusqu'à 1,000 thalers. En Autriche-Hongrie, une amende est également prononcée, la prison même peut être le châtiment d'une seconde récidive. En Italie, la contrefaçon des dessins est punie de la même peine que celle des brevets.

Dans tous les pays civilisés, sauf aux États-Unis, où la confiscation et des dommages-intérêts sont les seules sanctions légales, et en Italie, où une simple amende est prononcée, les contrefacteurs de marques sont passibles de peines publiques (amende et emprisonnement), et tenus de réparer le dommage qu'ils ont causé aux propriétaires de marques de fabrique et de commerce.

C'est que la violation de ce droit n'est plus excusable ici, par considération pour la liberté du travail, restreinte par le monopole d'un inventeur breveté, ou d'un propriétaire de dessin ou modèle déposé. Les contrefacteurs de marques sont des voleurs de clientèle, qu'aucune législation ne saurait tolérer, et que tous les pays civilisés tendent de plus en plus à poursuivre sans relâche. Ils sont la honte du commerce, et particulièrement la honte du commerce international.

Nous avons essayé de mettre en relief, dans ce chapitre, le caractère des principales législations modernes sur la propriété industrielle; dans la suite de notre étude, nous aurons souvent à accuser davantage les traits particuliers de ces législations. Il nous resterait encore bien des points à examiner pour faire une étude complète de législation comparée sur le droit industriel; mais les courtes indications qui précèdent nous ont paru suffisantes pour faire connaître l'esprit général de chaque loi nationale, et nous dispenser, dans les chapitres suivants, de donner à chaque instant des définitions de principes qui nous écarteraient de notre sujet.

PREMIÈRE PARTIE

PROTECTION LÉGISLATIVE

DE LA

Propriété industrielle dans les rapports internationaux

CHAPITRE PREMIER

BREVETS D'INVENTION

S'il fallait caractériser les différents systèmes suivis par les législations modernes dans la protection de la propriété industrielle, on pourrait dire qu'ils sont, dans chaque pays, le résultat des luttes livrées par l'esprit de justice aux jalousies nationales nées d'un patriotisme mal entendu. Les questions de propriété industrielle se compliquent partout de considérations économiques ; le protectionnisme tend souvent à faire dénier tout droit aux étrangers, et cherche à restreindre ceux qu'on leur concède. De là, dans toutes les matières que nous allons étudier, et particulièrement dans celle des brevets d'invention, deux séries de questions : la première comprend les difficultés soulevées dans les rapports internationaux

7

par le seul fait du conflit des législations ; la seconde
est remplie par les dispositions législatives édictées
dans un but économique.

Pour bien comprendre le système admis par la
législation française en matière de protection internationale de la propriété industrielle, il faut toujours
avoir présent à l'esprit le principe suivant : la nationalité d'un industriel importe peu pour décider si
l'on doit ou non lui accorder le bénéfice de la loi
française ; ce qui dictera la réponse cherchée, c'est
le lieu de l'exploitation. La loi est partie de cette
idée, que tous ceux qui travaillaient en France con-
tribuaient à la richesse du pays. Les étrangers établis chez nous sont donc assimilés aux Français ; ils
jouissent de la protection de la loi. En revanche, les
Français établis à l'étranger sont traités en France
comme les originaires du pays de leur exploitation.
Telle est la règle générale en notre matière ; elle est
nettement formulée dans la loi de 1857 sur les marques, et la loi sur les brevets, *tout en paraissant plus
libérale à l'égard des étrangers, a posé à la validité du
brevet une condition d'exploitation sur notre territoire
qui aboutit au même résultat.*

Ce principe une fois connu, voyons comment il a
été appliqué aux brevets d'invention.

La première loi française sur les brevets, celle du
7 janvier 1791, permettait à l'étranger de prendre
un brevet en France et d'y exploiter son invention.
Nous voyons là une application du principe signalé

plus haut, et qui consiste à favoriser autant que possible l'industrie nationale. Ce même principe, appliqué dans sa rigueur, conduisait la loi de 1791 à refuser de réserver au titulaire, français ou étranger,
d'un brevet pris hors de France, le droit de faire
breveter également son invention dans notre pays.
Tout autre que lui, fût-il usurpateur, pouvait prendre
dans notre pays, pour la même invention, un brevet
dit d'importation. Le principe de justice était évidemment violé ici en faveur des considérations économiques. Attirer en France le plus d'industries
possible, tel était le premier but de la loi. Le second,
c'était tout naturellement de conserver dans notre
pays les industries qui y étaient nées ou qu'on y
avait importées. Cette préoccupation se traduisait
dans la loi par la déchéance prononcée contre le
titulaire d'un brevet français qui obtenait un autre
brevet à l'étranger. Une telle disposition produisait
des effets déplorables ; elle laissait le breveté sans
défense contre les usurpateurs étrangers, et lui fer-
mait le marché international. Il ne pouvait songer à
s'établir dans un pays où le droit exclusif ne pouvait
lui être concédé qu'au prix de la perte de ce droit
en France. S'il osait monter une usine à l'étranger,
il était certain d'avance de n'y retirer aucun bénéfice
de son invention, exploitée librement par les nationaux du pays. Aussi cette conséquence extrême du
principe de la loi de 1791 n'a-t-elle été admise dans
aucun autre texte, soit en France, soit dans les autres

États. Le droit du breveté est ainsi trop facilement
sacrifié, sans même que l'industrie nationale y trouve
son compte. La première disposition de la loi de
1791, concernant les brevets d'importation, a été au
contraire reproduite dans beaucoup de législations ;
l'Angleterre n'a abandonné ce système qu'en 1883.
La loi espagnole de 1878 accorde encore, à titre de
prime, un monopole de cinq ans à l'importateur
d'une invention ; mais l'inventeur breveté à l'étranger
est, pendant deux ans, à compter de l'obtention de
son premier brevet, préféré à tout autre déposant.
Ce tempérament est une marque de l'influence des
idées modernes. La loi brésilienne du 14 octobre
1882 a suivi l'exemple de la loi espagnole (1).

La loi de 1844, nous le verrons, n'a pas abandonné toute idée de protéger l'industrie nationale,
même au dépens des inventeurs, mais elle a renoncé
à la doctrine de la loi de 1791. Désormais, le titulaire d'un brevet français peut obtenir un brevet à
l'étranger, sans encourir de déchéance. La loi n'accorde plus de prime à l'importation ; l'inventeur seul
peut obtenir en France un brevet, après en avoir pris

(1) La loi du Canada du 14 juin 1872, art. 7, décide que l'invention déjà brevetée à l'étranger doit être brevetée au Canada dans les
douze mois. Ce délai expiré, le brevet peut encore être demandé,
mais il n'est pas opposable à ceux qui ont postérieurement exploité
la découverte.

La loi mexicaine du 3 novembre 1865 décide que toute personne
peut demander un brevet pour une découverte déjà patentée à l'é-
tranger, mais la demande de l'inventeur est toujours préférée.

un à l'étranger. Les spéculations honteuses auxquelles donnaient lieu les brevets d'importation, ré-
compenses accordées à la contrefaçon, cessent d'être
protégées par la loi.

Prenant pour base la loi française, nous allons
examiner les questions qui sont nées du droit reconnu aux étrangers de se faire breveter dans un
autre pays que le leur. Ici, nous devrons toujours
nous rappeler que la législation de la propriété industrielle est, dans presque tous les pays, profondément empreinte des aspirations protectionnistes, et
après avoir passé en revue les difficultés qui naissent
du seul conflit des lois, difficultés relatives à l'exigence de la nouveauté de l'invention et à la durée
du brevet, nous devrons étudier les entraves que le
législateur a mises, dans un but économique, au libre
exercice du droit de l'inventeur dans les rapports
internationaux.

§ 1er

Questions rélativés à la nouveauté.

Un brevet n'est valable que s'il est pris pour une
invention nouvelle. Tel est le principe admis par
toutes les législations ; il se justifie de lui-même.

Cette simple proposition suffit à elle seule pour
enlever aux étrangers presque tout l'avantage qui
résulte pour eux de l'art. 29 de la loi de 1844, aux
termes duquel ils peuvent faire breveter en France
une invention déjà brevetée à l'étranger.

En effet, il en resulte qu'au moment de la demande en France, l'invention ne doit avoir reçu aucune publicité permettant d'y exécuter son objet, ni en France, ni à l'étranger. C'est le principe posé par l'art. 31.

« Ne sera pas réputée nouvelle, dit cet article, toute découverte, invention ou application qui, en France ou à l'étranger, et antérieurement à la date du dépôt de la demande, aura reçu une publicité suffisante pour pouvoir être exécutée. »

Ainsi, peu importe le genre de publicité; si elle est de nature à permettre l'exécution, si elle est antérieure au dépôt, cela suffit pour vicier le titre. Que la publicité ait lieu en France ou à l'étranger, le résultat est le même ; la loi ne laisse aucun doute à cet égard.

Un écrit publié en France ou à l'étranger, en français ou en toute autre langue, et qui contient la description de l'invention, prive cette invention de sa nouveauté.

L'exploitation, si elle n'est pas secrète (Pataille, 1864, p. 265), constitue encore un mode de publicité.

Il ne faudrait pas exagérer ce principe, et il est généralement reconnu que la communication par l'inventeur à un tiers, du secret de son invention, ne constitue pas une publicité suffisante, quand elle est faite à titre de confidence. (Sirey, 1854, 1, 491.)

Cela dit, voyons ce qui se passe, quand une per-

sonne prend un brevet à l'étranger. La demande une
fois accueillie, l'invention est portée à la connaissance du public par une publicité légale. Toutes les
législations admettent cette publicité, qui est en
quelque sorte le prix donné par le breveté pour obtenir le monopole.

Quel est l'effet de cette publicité légale? Deux
systèmes ont été défendus à ce sujet, ou plutôt, on
a cherché à distinguer les effets de la publicité suivant qu'elle avait ou non été effective. Certains auteurs ont prétendu qu'il ne suffisait pas que des tiers,
à la faveur de cette publicité, aient pu prendre connaissance de l'invention, mais qu'il était nécessaire
qu'en fait ils l'eussent connue. (Paris, Pataille, 1865,
p. 223. — Pataille, 1865, p. 213. — Blanc, *Contrefaçon*, 465.)

Ce système ne nous paraît pas conforme à l'esprit
de la loi ; pourvu que la publicité donnée à l'invention soit suffisante pour permettre de l'exécuter,
l'art. 31 prononce la nullité. Qu'en fait, la publicité
se soit adressée à plusieurs personnes, ou que les
écrits qui la constituent n'aient trouvé aucun acheteur, cela importe peu. On a pu connaître l'invention, la divulgation est dès lors capable d'entraîner
la nullité du brevet. La Cour de cassation (Pataille,
1865, p. 209) s'est prononcée pour ce dernier système ; elle admet même que l'existence d'un brevet
suffit pour créer une présomption légale de publicité. Dès que le public peut prendre connaissance

des pièces déposées à l'appui de la demande, la divulgation est réputée suffisante pour entraîner la nullité d'un brevet demandé postérieurement.

Nous n'avons parlé jusqu'ici que de la publicité légale destinée à faire connaître au public le brevet délivré. Mais la publicité ordonnée par les législations qui admettent le système de la procédure provocatoire produira-t-elle les mêmes effets ?

Supposons qu'un brevet ayant été demandé en Allemagne, le déposant fasse en France une seconde demande pendant la période d'appel aux oppositions. Devra-t-on dire qu'il y a eu divulgation antérieure à la demande en France ? Au premier abord, on ne voit pas bien la raison de douter. La publicité est un fait brutal qui ne laisse guère place à l'interprétation des mobiles qui l'ont provoquée. Que la publicité ait pour but de provoquer les oppositions ou de saisir le domaine public, cela importe peu.

Néanmoins, certains auteurs ont prétendu que la loi de 1844 n'avait pas visé ce genre de publicité. On a remarqué que la loi allemande permet seulement de prendre des notes sur l'invention exposée à la curiosité publique, et défend, en thèse générale, de faire des copies, de calquer les dessins. Pour pouvoir prendre une copie, il est nécessaire d'adresser une requête à l'Office des brevets et de s'engager à n'employer ces copies que dans le but d'examiner s'il y a lieu de former opposition. On a déduit de là

que la communication était confidentielle et n'entraî-
naît pas divulgation. (Pouillet, n° 383.)

Il est facile de répondre aux partisans de cette
théorie, que la loi de 1844 n'a pas entendu faire
toutes ces distinctions. Si elle prononce la nullité en
cas de publicité, ce n'est pas parce que cette publicité constitue de la part de l'inventeur un abandon
de propriété. Il n'y a donc pas à rechercher si la
divulgation a été faite dans tel ou tel but. Ce qu'il
faut considérer, c'est le résultat : l'invention connue
de façon à pouvoir être exécutée. On ne saurait assimiler la publicité provocatoire des oppositions à une
confidence. Le caractère de la confidence, c'est
d'être faite *intuitu personæ*; on ne fait pas de confi-
dences à tous ceux qui voudront bien les entendre.
Concluons donc que le système de la procédure provocatoire, pratiqué en Allemagne, entraîne la publicité de l'invention et empêche toute prise ultérieure
en France d'un brevet valable.(Pataille, 1883,p. 103.)

Nous voyons maintenant que la libéralité apparente de la loi de 1844 à l'égard des étrangers se
réduit à bien peu de chose, puisque tous les pays
ont prescrit la publicité de l'invention dans un délai
assez court après la demande. Si un étranger, déjà
breveté à l'étranger, veut obtenir la garantie de la
loi française, le brevet lui sera bien délivré, puisque
la France ne pratique pas l'examen préalable ; mais,
la première fois qu'il tentera de faire respecter chez
nous son droit violé par un contrefacteur, celui-ci

lui répondra par une action en nullité qui fera tomber le titre exclusif délivré par l'Administration. Ce résultat est singulier, mais il faut avouer qu'il a été prévu par les auteurs de la loi. M. Dupin disait en effet : « On ne peut se dissimuler, et la loyauté fait un devoir d'en donner hautement avis, que cette règle (de l'art. 31) paralyse le bienfait de la nouvelle loi à l'égard des industriels qui auraient été brevetés dans les pays où, comme en Russie, les descriptions jointes aux demandes de brevet sont publiées. »

Sachant maintenant que la publicité légale à l'étranger constitue une divulgation suffisante à l'égard de la loi française, examinons à quelle époque de la procédure en délivrance cette publicité, et partant cette divulgation, ont lieu dans les principaux pays.

La loi allemande ordonne la publicité aussitôt que l'Office des patentes a reconnu que l'invention était brevetable. (Art. 22 de la loi du 25 mai 1877.)

D'après la loi espagnole du 30 juillet 1878, une liste des brevets délivrés est publiée dans la *Gazette de Madrid* tous les trimestres ; les mémoires et dessins restent à la disposition du public au secrétariat du Conservateur des arts. (Art. 26, 27, 28.)

La loi brésilienne du 14 octobre 1882 (art. 3) prescrit la publication des dessins et mémoires, un mois après la délivrance des brevets.

La loi suédoise du 16 mai 1884 (art. 7) ordonne qu'aussitôt les pièces de la demande régularisées, l'invention sera portée à la connaissance du public, qui pourra consulter les dessins et mémoires.

D'après la loi italienne du 30 octobre 1860 (art. 52), la description et les dessins ne sont donnés en communication au public, que trois mois après la délivrance du brevet.

Il en est de même aux termes de la loi belge du 24 mai 1854. (Art. 20.)

En Angleterre, la spécification provisoire (description sommaire de l'invention) reste secrète pendant neuf mois. (Art. 8, § 1 ; 9, § 5 et 10.) Après ce délai, la spécification définitive (description complète et détaillée) doit être déposée ; si elle est suivie de la délivrance du titre, le public est admis à prendre connaissance des mémoires et dessins.

Aux États-Unis (loi du 4 mars 1861), et au Canada, l'inventeur regnicole, ou résidant dans le pays depuis un an, s'il fait le serment de demander la naturalisation, peut solliciter la délivrance d'un caveat, qui lui assure le secret de son invention pendant un an, et lui permet de déposer sa demande de brevet dans le même délai.

On voit donc que l'exigence de la nouveauté, tout en rendant très difficile l'obtention d'un brevet français, subséquent d'un brevet étranger, laisse encore, dans quelques cas, la possibilité matérielle d'arriver à ce résultat ; mais, pour cela, il faut prendre ses précautions, expédier les pièces à un mandataire diligent, qui s'efforcera de faire coïnci-der les deux dépôts.

Nous avons dit qu'en France on ne faisait aucune distinction entre les différents modes de publicité, entre l'exploitation du procédé breveté, par exemple, et la description de l'invention dans un ouvrage. Tous les moyens de divulgation entraînent l'application rigoureuse de notre loi, quel que soit le lieu où cette divulgation s'est produite. Il n'en est pas ainsi dans tous les pays. Quelques législations distinguent, au contraire, entre les procédés de publicité.

Ainsi, la loi allemande du 5 mai 1877 décide que l'exploitation à l'étranger ne fait pas perdre à l'invention son caractère de nouveauté, tandis que sa description dans un ouvrage imprimé entraîne la nullité du brevet pris après la publication de cet ouvrage à l'étranger.

La loi du Luxembourg du 30 juin 1880 (art. 2) a admis un système analogue.

La loi belge du 24 mai 1854 (art. 24) décide que la nouveauté fera défaut seulement dans le cas où l'invention aurait été, antérieurement à la demande, exploitée « dans le royaume dans un but commercial » ; de plus, elle déclare que la publicité à l'étranger, résultant d'une prescription légale, ne fera pas obstacle à la validité du brevet belge.

La loi suisse du 29 juin 1888 (art. 2) décide ainsi : « Ne seront pas considérées comme nouvelles les inventions qui, au moment de la demande du brevet, seront suffisamment connues en Suisse pour pouvoir être exécutées par un homme du métier. »

D'après la loi italienne du 30 octobre 1860 (art. 4), l'invention dont la description a été publiée par l'Administration d'un pays étranger, peut encore être brevetée en Italie, jusqu'à l'expiration du brevet étranger; à moins que des tiers n'aient, avant cette époque, « importé ladite invention dans le royaume. »

La loi brésilienne du 14 octobre 1882 (art. 2) réserve à l'inventeur breveté à l'étranger un délai de sept mois, jusqu'à l'expiration duquel il pourra se faire délivrer une patente au Brésil, sans qu'on puisse lui opposer la publicité légale de la première demande, ou l'exploitation par un tiers de l'invention.

La loi suédoise du 16 mai 1884 (art. 3) admet le même principe, mais ne donne au breveté qu'un délai de six mois.

Enfin la loi autrichienne du 15 août 1852 (art. 9) décide que, pour opérer divulgation, la publication et l'impression devront se produire dans le pays même.

Les exigences des lois sur la nouveauté de l'invention, et particulièrement les dispositions rigoureuses de la loi française, rendent difficile la prise d'un brevet valable, subséquent d'un brevet étranger. Mais, si difficile que cela puisse être, il n'en est pas moins possible d'y parvenir. Le titulaire du brevet primitif peut quelquefois se faire breveter dans un autre pays que celui où il a d'abord obtenu son droit exclusif; mais ce qu'il peut faire alors, un autre que lui, de

bonne ou de mauvaise foi, ne pourrait-il pas aussi le
tenter?

Après la demande et avant la publication donnée
au brevet étranger, un tiers peut-il valablement déposer en France une demande portant sur la même
invention?

Supposons que le tiers est de bonne foi. Il se trouve
alors exactement dans les mêmes conditions que le
breveté étranger. La nouveauté de l'invention doit
s'apprécier pour lui comme pour celui-ci. L'art 29
ne dit pas que la simple demande d'un brevet à l'é-
tranger mettra obstacle à la délivrance postérieure
d'un brevet en France. (Sirey, 1866, 1, p. 360; —
1868, 1, p. 77.)

C'est une question de fait à résoudre : la publicité
a-t-elle ou non eu lieu à l'étranger? Quand elle ne
ne s'est pas encore produite, comme dans notre hypothèse, on ne voit pas sur quel principe on se fon-
derait pour déclarer nul le brevet pris dans de telles
conditions. Tout ce qu'on peut admettre, c'est que
la demande antérieure d'un brevet à l'étranger rendra plus suspect le dépôt accompli ensuite en France.
Les tribunaux auront à apprécier les faits et se mon-
treront à bon droit rigoureux envers le prétendu
inventeur, qui pourrait n'être souvent qu'un usurpateur. Mais il n'en reste pas moins vrai que la demande doit être favorablement accueillie, s'il est
démontré que le déposant est de bonne foi. La loi
française ne s'inquiète pas de savoir si le déposant

est le premier inventeur ; tout ce qu'elle demande, c'est la nouveauté de l'invention, c'est-à-dire l'absence de publicité antérieure.

Qu'arrivera-t-il si le breveté étranger arrive après le tiers dont nous parlons, pour déposer à son tour sa demande en France ? Comment régler le conflit entre les deux inventeurs ? A notre avis, la solution à donner est exactement la même que celle qui serait admise dans le cas de deux inventeurs français, venant l'un après l'autre demander la délivrance d'un brevet. En cette matière, la loi applique rigoureusement la maxime *prior tempore potior jure*. Néanmoins, la Cour de Nancy, dans un arrêt du 16 décembre 1856 (Pataille, 1857, p. 272), accorde au deuxième déposant une exception pour repousser l'action en contrefaçon, qui lui serait intentée par le premier breveté en France. Attendu, dit-elle, qu'il suffit au prévenu « de prouver qu'il a exercé le procédé breveté avant le dépôt de la demande », qu'à cette condition il échappera aux peines de la contrefaçon. Sans doute, cette doctrine enlève aux principes la rigueur excessive qu'ils paraissent avoir en notre espèce, mais nous ne comprenons pas comment cette doctrine peut se justifier, sous l'empire d'une loi qui ne protège pas le premier inventeur, et considère comme tel le premier déposant.

La loi suédoise du 16 mai 1884 (art. 16) a prévu la question. Elle a décidé qu'aucun brevet ne pourrait être opposable à celui qui, au moment de la de-

mande, exerçait en Suède l'invention brevetée, ou y
avait pris, pour l'exercer, des dispositions considérables.

Si, dans notre hypothèse, le tiers est de mauvaise
foi, la jurisprudence française accorde à l'inventeur
véritable, premier déposant à l'étranger, une action
dite en subrogation. Le résultat de cette action est
de faire opérer, sur le titre délivré à l'usurpateur, la
radiation de son nom et son remplacement par celui
de l'inventeur.

Ce système n'est pas toujours suffisant pour protéger le légitime propriétaire de l'invention, car le
tiers de mauvaise foi peut avoir fait une description
insuffisante, dont l'irrégularité sera toujours opposable à celui au nom duquel le titre aura été enregistré après rectification.

Ajoutons que cette théorie est en contradiction
avec le principe de la séparation des pouvoirs, puisque, grâce à elle, les tribunaux ordonnent aux autorités administratives d'opérer certaines modifications sur le brevet.

La loi anglaise du 25 août 1883, art. 26, aboutit à
peu près au même résultat. Elle permet à toute
personne prétendant qu'elle était le véritable inventeur d'adresser à la Cour une demande en révocation,
ainsi qu'à toute personne prétendant qu'une patente
a été délivrée en fraude de ses droits. Et l'article
ajoute : Quand la patente a été révoquée comme frauduleuse, le contrôleur, sur la demande du véritable

inventeur, peut lui accorder une patente aux lieu et place de celle qui a été révoquée. Cette patente portera la même date et prendra fin à l'expiration du temps pour lequel la patente révoquée a été accordée.

La supériorité du système anglais sur celui de notre jurisprudence, c'est qu'en permettant de délivrer un nouveau brevet à l'inventeur victime de l'usurpation, il ne l'oblige pas à supporter le dommage qu'aurait pu lui causer l'irrégularité ou l'insuffisance de la description faite par le premier déposant.

§ 2

Questions relatives à la durée du brevet.

Le brevet français subséquent d'un brevet étranger suivra-t-il toutes les vicissitudes que pourra éprouver celui-ci ; sa durée sera-t-elle fixée d'après la loi française ou d'après la loi étrangère? La déchéance ou la nullité du brevet étranger réagiront-elles sur le brevet pris en France ; en un mot, les deux titres seront-ils *solidaires* l'un de l'autre? Telle est la question que nous allons examiner.

L'art. 29 de la loi de 1844 déclare que la durée du brevet français « ne pourra excéder celle des brevets antérieurement pris à l'étranger ».

Que faut-il entendre par là? L'article veut-il dire que l'expiration du brevet étranger, pour quelque

8

cause que ce soit, aura pour conséquence de mettre fin au brevet français? Nous ne le croyons pas. Ce que veut dire la loi, c'est que la durée légale du brevet pris en France ne pourra excéder celle fixée par la loi étrangère, tout en restant, bien entendu, dans les limites extrêmes établies par notre loi, c'est-à-dire sans pouvoir jamais dépasser quinze années. Ainsi, un brevet pris en France en même temps qu'en Belgique ou en Espagne, où la durée du monopole est de vingt ans, tombera dans le domaine public après quinze ans.

Cette solution est admise par la plupart des auteurs, mais la jurisprudence attache à l'article 29 de notre loi un sens beaucoup plus absolu, et proclame la solidarité des brevets. Pour elle, l'industrie française doit cesser d'être tributaire du monopole, dès que l'industrie étrangère en a été affranchie. Toute cause d'extinction, de déchéance ou de nullité, qui frappe le brevet étranger, amène par contre-coup l'extinction du brevet pris en France. (Sirey, 1864, 1, 200; — Pataille, 1864, p. 81.)

Nous ne pensons pas que cette interprétation réponde exactement à l'esprit de la loi. Pour qui lit l'art. 29 sans prévention, la seule idée qui vienne à l'esprit est celle que nous avons soutenue. De plus, les conséquences de la doctrine suivie par les tribunaux sont bien de nature à faire reculer devant cette application rigoureuse de l'art. 29. En effet, si l'industrie nationale doit être affranchie du monopole en même temps que l'industrie étrangère, il faudra refuser de breveter en France toute invention qui n'aura pas été brevetée dans les autres pays. Cela est impossible, puisqu'il existe encore des pays où, comme en Hollande, les brevets d'invention sont inconnus. Ajoutons que si un pareil système, poussé jusqu'à ces conséquences extrêmes, était admis dans les autres pays étrangers, on ne pourrait prendre de brevets nulle part, puisque, à l'époque de la première demande, l'exploitation de l'invention serait libre dans tous les autres pays que celui du dépôt.

L'opinion de la jurisprudence aboutit à des résultats désastreux. Le breveté qui aura fait protéger son droit dans plusieurs pays, avant de faire sa demande en France, sera exposé à chaque instant à perdre son brevet français, parce qu'il aura négligé de payer la taxe dans quelque pays étranger. Il sera forcé de continuer à exploiter dans tous les États où il aura pris un brevet, même si son invention n'y a pas été favorablement accueillie, pour conserver son brevet chez nous. L'industrie française, dont la jurisprudence paraît prendre en garde les intérêts, sera souvent la première victime de cette théorie. En effet, telle invention, qui obtient un grand succès en France, pourrait y être développée considérablement au grand profit de la main-d'œuvre française, si l'inventeur n'était pas forcé d'éparpiller ses capitaux et son activité dans les pays étrangers, qui lui offrent moins de débouchés, dans le seul but de

conserver indirectement son brevet français intact.
Souvent, enfin, l'auteur d'une invention, ne pouvant
par lui-même exploiter dans plusieurs pays, restera
contraint de céder à un tiers son brevet pour l'étranger. La solidarité prononcée par la jurisprudence le
mettra à la merci des négligences ou même de la
mauvaise foi du cessionnaire, qui encourra la déchéance dans les pays où l'exploitation lui a été concédée par l'inventeur.

La question est encore plus délicate quand il s'a-
git des nullités. Un brevet a été annulé à l'étranger:
quel sera le sort du brevet français subséquent? Ce
dernier, par hypothèse, a été pris pour une durée de
dix ans, terme fixé par la loi du pays du premier brevet.
L'annulation prononcée à l'étranger aura pour effet
de faire tomber le brevet français dans le domaine
public, d'après le système de la jurisprudence. Mais
si on n'admet pas ce système, quelle durée accorder
au brevet pris en France, en présence de la décision
des tribunaux étrangers? On pourrait faire le raisonnement suivant : le brevet étranger étant déclaré
nul, on ne doit plus en tenir compte, l'art. 29 ne
peut plus recevoir d'application; nous sommes en
présence d'un brevet français pur et simple, dont la
durée normale est de quinze ans. Ce raisonnement,
pour être logique et conforme aux principes sur
l'effet rétroactif des nullités prononcées, n'en serait
pas moins contraire à l'esprit de la loi. Lors de la
prise du brevet français, nos industriels, connaissant

ou étant présumés connaître l'existence antérieure
du brevet étranger, ont dû prendre leurs dispositions pour respecter un monopole de dix ans seulement. Leur attente serait cruellement trompée par
l'application du système que nous indiquons. Il serait
d'ailleurs bien étrange que la décision d'un tribunal
étranger, qui prive l'inventeur d'un droit, vienne lui
conférer de nouveaux avantages en France. Pour nous
l'art. 29, qui fixe impérativement, dans notre espèce,
la durée du brevet français à dix ans, aura le même
caractère irrévocable que la volonté manifestée par le
breveté lui-même d'obtenir un monopole de dix ans
seulement. D'ailleurs on ne voit pas sur quel argument l'inventeur pourrait appuyer une réclamation,
puisqu'il n'a dû, *ab initio*, compter que sur un droit
exclusif de dix années.

Les législations étrangères les plus récentes tendent à s'écarter du principe de la solidarité des brevets, proclamé par la jurisprudence française. Ainsi,
la loi anglaise du 25 août 1883 n'a pas reproduit la
disposition de la loi de 1852, qui admettait le système
français ; on en conclut que les brevets seront indépendants. (*Annuaire de législation étrangère*, 1883,
p. 88.) jurisprudence allemande admet qu'un
brevet al and survive à un brevet étranger. — La
loi du Luxembourg, du 30 juin 1880, proclame l'indépendance des brevets, sauf en ce qui concerne le cas
où deux brevets ont été pris, l'un en Allemagne,
l'autre dans le grand duché. (Art. 15, § 4.)

La loi du Venezuéla, du 25 mai 1882, dit dans son article 12, § 1ᵉʳ : « Le brevet demandé pour une invention déjà brevetée à l'étranger ne sera concédé que pour le nombre d'années qui reste à courir jusqu'à l'expiration de celui obtenu dans un autre pays. » Une autre disposition de la loi ne prononce la solidarité que quant à la durée légale.

La jurisprudence belge consacre un système contraire à celui de la jurisprudence française.

En revanche, la loi brésilienne du 14 octobre 1882 (art. 6, § 2, n° 9) dit que le brevet sera périmé, si le brevet pris à l'étranger *et confirmé dans l'Empire* cesse d'avoir effet pour une cause quelconque ; plus loin elle ajoute : et par l'expiration du terme du privilège.

Enfin, la loi espagnole du 30 juillet 1878 (art. 12) fixe à dix ans la durée du brevet espagnol, pourvu qu'il ait été pris dans les deux années de l'obtention du brevet primitif à l'étranger.

La loi autrichienne présente une particularité qui donne lieu à une question intéressante. D'après cette loi, du 15 août 1852, la durée normale du brevet est de quinze ans, mais l'inventeur peut prendre un brevet de un ou deux ans, et le proroger tous les ans, jusqu'au terme extrême de quinze années. Après avoir pris en Autriche un brevet de deux ans, par exemple, un inventeur se fait breveter en France. Faudra-t-il dire que la durée de son brevet français sera de deux ans? Non, évidemment ; la durée qu'il faut ici prendre en considération, c'est celle que la loi considère comme normale, celle qui résultera des prorogations successives. (Paris, 17 février 1883; — Pataille 1884, p. 115.)

Supposons un brevet pris en France et dans deux ou trois autres pays. A quelle loi étrangère faudra-t-il se référer pour déterminer la durée du brevet français? A celle qui fixe le terme le plus long, ou à celle qui assigne la durée la plus courte? Nous croyons que l'esprit de notre loi commande qu'on prenne en considération le plus court délai. En effet, ce que le législateur a voulu, c'est que l'industrie française soit délivrée du monopole, aussitôt que celui-ci cesserait dans un pays étranger.

La loi canadienne du 14 juin 1872, et la loi des États-Unis du 8 juillet 1870, décident que le brevet national finira en même temps que le plus court des brevets étrangers.

Au contraire, la loi italienne du 30 août 1860 art. 2) porte que « la durée du brevet pris pour une invention déjà brevetée à l'étranger ne peut excéder celle du brevet étranger accordé pour le terme le plus long, et en tout cas ne dépassera pas quinze ans ».

Et maintenant, comment calculera-t-on la durée du brevet subséquent? La loi française est muette à ce sujet, et la jurisprudence a décidé qu'on prendrait pour point de départ la date du brevet étranger. Ainsi, le temps qui s'écoule entre la prise des deux

brevets compte pour la durée du brevet français.
C'est une des conséquences de la solidarité.

La même solution est donnée par la loi anglaise
(art. 103) et par la loi suédoise (art. 25).

La pratique des spécifications provisoires en Angleterre a donné lieu à la question suivante :

Quand un inventeur a déposé une spécification
provisoire, il a droit de retarder pendant neuf mois
le dépôt de la spécification définitive. Si, entre les
deux dépôts, il demande un brevet en France, devra-
t-on prendre pour point de départ du droit privatif
la date de la spécification provisoire? Devra-t-on, au
contraire, considérer le brevet français comme
premier pris, et indépendant de la patente anglaise?

La question revient à se demander si la patente
provisoire, ainsi délivrée en Angleterre, doit être
assimilée à un brevet.—La Cour de Paris a répondu
affirmativement (30 mai 1879, Sirey, 1880, 2, p.33).
Elle se fonde spécialement sur ce que la spécification provisoire est le point de départ des 14 ans que
dure le brevet anglais.

Nous croyons néanmoins qu'il ne faut pas admettre cette solution. La patente provisoire ne confère
pas un droit privatif, ne donne pas le droit de poursuivre en contrefaçon; elle ne crée pas le monopole;
or, ce que la loi française a pris en considération,
c'est la durée du monopole. D'ailleurs, pour que l'art.
29 s'applique, il faut qu'un brevet ait été *pris à l'é-
tranger;* or, jusqu'à la spécification définitive, l'in-

venteur n'a pas de brevet. La Cour de Paris a donc mal interprété cet article. Néanmoins, la Cour de cassation a rejeté le pourvoi formé contre l'arrêt de Paris. (Sirey, 1881, 1, p. 109.)

En Autriche, le brevet date du jour de la délivrance, en France du jour de la demande. Si un brevet est demandé en Autriche, puis en France, avant d'être délivré en Autriche, quel sera le point de départ du brevet français? La Cour de Paris a décidé que l'on se trouvait alors en présence d'un brevet français ordinaire, et que la date du dépôt en France marquerait le premier jour du brevet. Chaque brevet suivra la loi du pays où il a été pris. Cette théorie a été confirmée par la Cour de cassation. (Pataille, 1865, p. 50.)

§ 3

Obligation d'exploiter.

Les questions qui nous restent à examiner relèvent de plus en plus d'une pensée de protection pour l'industrie nationale; elles naissent des entraves mises par le législateur à l'exploitation des brevets pris par les étrangers, pour favoriser cette industrie.

La loi française oblige tout breveté à commencer son exploitation en France dans le délai de deux ans, et à ne plus l'interrompre pendant un égal délai. (Art. 32, § 2.) La déchéance est la sanction de cette prescription de la loi.

Les législations étrangères ont presque toutes suivi la loi française dans cette voie.

La loi allemande du 25 mai 1877 déclare en son article 2 que « le brevet peut être retiré après un délai de trois ans au breveté qui négligera d'exploiter : invention en Allemagne, dans des proportions satisfaisantes, ou de faire ce qui dépend de lui pour l'exploitation ». (Art. 11.)

De son côté, la loi du Luxembourg du 30 juin 1880 presque toujours en harmonie avec la loi allemande, dit en son article 18 que : l'autorité administrative pourra retirer le brevet dans les mêmes conditions.

La loi suédoise du 16 mai 1884 (art. 15) oblige le breveté à mettre son invention à exécution en Suède, dans une mesure suffisamment étendue, dans le délai de trois ans ; ce délai peut être prolongé jusqu'à quatre ans, et l'Administration peut prescrire des mesures qu'il suffira au breveté d'observer, pour être réputé avoir rempli la condition d'application de l'invention. Faute par le breveté d'accomplir, dans le délai prescrit, les obligations relatives à l'application de son invention, et au cas où il cesserait son industrie sans la reprendre dans le délai d'un an, il sera déchu de son droit.

La loi canadienne du 14 juin 1872 (art. 28) oblige le breveté à commencer l'exploitation pendant les deux premières années.... Il faut qu'elle continue de manière à permettre à toute personne de se procurer l'invention à un prix raisonnable, à une manufacture à ce destinée au Canada.

La loi espagnole du 30 juillet 1878 (art. 46, §§ 3 et 4) impartit au breveté un délai de deux ans, pour mettre en pratique son invention dans les pays espagnols; ce délai ne peut être prorogé que de six mois, et seulement en vertu d'une loi spéciale.

La loi suisse du 29 juin 1888 (art. 9) prononce la déchéance contre le breveté qui, n'ayant pas d'exploitation en Suisse, y introduira ses produits fabriqués à l'étranger, et refusera des licences suisses demandées à des conditions raisonnables.

En Angleterre, le système suivi se rapproche de celui que la loi suisse a adopté. La loi ne parle pas de l'obligation d'exploiter à peine de déchéance, mais elle oblige le breveté qui ne fabrique pas en Angleterre à y concéder des licences.

La loi des États-Unis du 4 mars 1861 ne parle pas de la nécessité d'exploiter.

Il est inutile d'insister sur les charges qu'impose au breveté cette nécessité d'exploiter, elle aboutirait, si elle était strictement observée, à l'éparpillement de l'activité et des capitaux de l'inventeur, ou le mettrait à la merci de cessionnaires souvent dangereux.

Mais, en pratique, la disposition rigoureuse de la loi est tournée, et le but que s'est proposé le législateur : protéger l'industrie nationale, se trouve manqué ; l'exploitation n'est qu'apparente quand elle doit

gêner le breveté; les tribunaux montrent une assez
facile indulgence pour les inventeurs, et la prescription de la loi reste le plus souvent lettre-morte.

Ainsi, la jurisprudence française excuse le retard
apporté à l'exploitation par les agissements d'un
contrefacteur. (Pataille, 1883, p. 182.) Elle admet
aussi que le défaut d'exploitation n'entraîne pas la
déchéance, quand le breveté justifie de son inaction
par l'insuffisance de ses ressources personnelles, par
la nature de son invention, dont un monopole de
l'État restreint l'exploitation. (Pataille, 1885, p. 324.)

§ 4

**Déchéance pour introduction en France d'objets semblables
à ceux qui y sont brevetés.**

L'article 32, § 3, de la loi de 1844, prononce la
déchéance du breveté qui introduit sur le territoire
français des objets fabriqués à l'étranger, et semblables à ceux que garantit son brevet pris en France.
Cette déchéance s'applique aussi bien au breveté français qu'à l'inventeur étranger.

Quand l'introduction en France présentera-t-elle
les caractères suffisants pour amener la déchéance?
L'article 32, § 3, parle de l'introduction *des* objets fabriqués à l'étranger. La pluralité des objets introduits est donc une condition nécessaire aux termes
de cet article. On objecte que l'art. 41, visant le délit de mise en vente, dit : « Ceux qui auront sciemment recélé, vendu ou exposé en vente, ou introduit

sur le territoire français *un* ou plusieurs objets contrefaits... » La loi, dit-on, ne fait pas de différence
entre l'introduction d'un ou de plus d'un objet con-
trefait ; elle ne compte pas ces objets, elle n'examine
que l'intention de l'agent. Il en doit être de même
ici.

Ce dernier système est celui de la jurisprudence,
qui prononce la déchéance pour introduction d'un
seul objet.

La loi ne s'inquiète pas du but dans lequel l'introduction a lieu ; l'article 32 est formel, absolu.
Cette interprétation est fortifiée par l'existence
même d'une loi du 31 mai 1856, qui a permis l'introduction dans un cas particulièrement favorable.
Cette loi eût été inutile, si le but poursuivi par l'introducteur devait être pris en considération.

Cependant, la jurisprudence décide que la déchéance ne sera pas encourue, si l'introduction n'a
pas eu un but mercantile. (Sirey, 185, 52, p. 580 ; —
Pataille, 1870, p. 110.)

À notre avis, la déchéance pour introduction ne
se justifie pas même par des considérations tirées
de l'intérêt bien entendu de l'industrie française. Le
seul résultat auquel elle aboutit, c'est de gêner considérablement le breveté, et de faire payer plus cher
aux consommateurs les objets de l'invention.

Il ne faut pas s'étonner que la loi française n'ait
été imitée sur ce point par presque aucune loi étrangère.

La loi canadienne du 14 juin 1872 est, croyons-
nous, la seule qui ait marché sur les traces de notre
loi ; encore est-elle moins rigoureuse qu'elle. Son
art. 28 dit : « Le brevet sera nul si, au bout de
douze mois après qu'il aura été concédé, le breveté
ou son cessionnaire importe ou fait importer au
Canada l'invention brevetée. » Il semble que la sanction de la loi ne s'applique qu'au cas où tous les objets
brevetés nécessaires à la consommation nationale
sont importés.

Le Congrès de 1878 a rejeté le principe de notre
loi.

Nous ne pouvons terminer ce chapitre sans parler de la disposition de l'art. 41 de notre loi de 1844,
qui assimile à la vente en France et à l'exposition
en vente l'importation d'objets contrefaits. Ici, nous
ne sommes plus en présence d'une restriction apportée aux droits du breveté, mais bien d'une mesure
protectrice de son monopole. La loi n'a pas voulu
laisser franchir la frontière aux usurpateurs de propriété industrielle ; elle arrête à l'importation les
objets contrefaits.

On s'est demandé si le passage en transit sur le
territoire français devait être assimilé à l'introduction ? La jurisprudence hésite à permettre la saisie
dans ce cas. (Cour de Rouen, 12 février 1874 ; S., 1874,
2, 281. En sens contraire : Trib. de la Seine, 23 juin
1860 ; Pataille, 1860, p. 307.)

Nous pensons qu'il ne faut pas perdre de vue ici

le grand principe qui commande d'interpréter strictement les lois pénales. La loi de 1844 parle seulement d'introduction ; le transit ne peut lui être assimilé. Il y a entre ces deux mots une différence de
sens que le législateur a souvent bien établie. Nous
en verrons un exemple à propos de l'art. 19 de la
loi de 1857 sur les marques. Dans cette loi, le transit est visé à côté de l'introduction ; ici, il est passé
sous silence. Il n'est pas possible d'ajouter à la loi,
d'autant plus que le transit est moins dommageable
à l'inventeur que l'introduction elle-même.

CHAPITRE II

DESSINS ET MODÈLES DE FABRIQUE

Peu de pays possèdent une organisation législative complète de la protection des dessins et modèles de fabrique. Il est à peine possible de considérer comme une loi d'organisation la section 3 de la loi du 18 mars 1806, qui forme en France la législation de la matière.

Aux États-Unis, les règles à appliquer sont éparses dans trois documents législatifs, la loi du 25 août 1842, celle du 4 mai 1861, enfin les acts des 24 mars 1871 et 18 janvier 1874. La protection n'est vraiment organisée qu'en Autriche, par la loi du 7 septembre 1858 ; en Allemagne, par la loi du 11 janvier 1876 ; au Canada, par la loi de 1876 ; en Angleterre, par la loi du 25 août 1883, et en Suisse, par la loi du 21 décembre 1888.

Cette rareté des législations est la première raison qui nous fera passer plus vite sur ce sujet que sur celui des brevets.

La seconde raison de notre concision, c'est que

les questions relatives aux dessins et aux modèles, sont bien moins nombreuses que pour les brevets, dans le domaine des rapports internationaux. Cela tient à ce que les dessins et les modèles sont, avant tout, tributaires du bon goût, de la mode même, et que le bon goût et la mode varient avec les caractères différents des peuples. Il est rare qu'un dessin plaise en même temps dans plusieurs pays. De plus, la durée d'exploitation est ici bien moindre que pour les brevets, précisément par suite de la nécessité de satisfaire les caprices du public, et les auteurs de dessins et modèles hésitent à réclamer la protection internationale pour un intérêt éphémère.

A quelles conditions un étranger peut-il, en notre matière, invoquer la protection de la loi française ? Nous avons dit, au début de notre première partie, qu'en matière de propriété industrielle, la loi ne s'inquiétait pas de la nationalité, mais qu'elle s'attachait seulement au lieu de l'exploitation, protégeant tous ceux qui étaient établis sur le territoire qu'elle régit. Notre proposition recevrait ici un démenti formel, s'il était vrai que la France eût en matière de dessins et modèles une véritable législation. Nous savons qu'il n'en est pas ainsi, et nous croyons qu'il faut néanmoins maintenir le principe que nous avons posé. Si le principe de la territorialité n'a pas été appliqué aux dessins et modèles, c'est parce qu'en réalité la loi ne s'est pour ainsi dire pas occupée de régir en cette matière les rapports internatio-

naux. Il a fallu, en l'absence de texte, s'en référer
aux principes généraux du Code civil. La conséquence de l'application de l'art. 13 du Code civil a
été la suivante : tous les Français, fussent-ils établis
à l'étranger, ont pu réclamer le bénéfice de notre
loi. D'autre part, tous les étrangers, même exploi-
tant dans notre pays, n'ont pas eu droit à la protection de la loi de 1806, sauf en cas de réciprocité
diplomatique. Une loi de 1873, sur laquelle nous
aurons à revenir, est venue assimiler la réciprocité
législative à la réciprocité diplomatique.

C'est à cela que se borne notre législation internationale. Autant dire que nous n'en avons pas, et
considérer ces règles applicables à la propriété
industrielle par pis aller, comme ne changeant en
rien le caractère général de notre législation. Le
principe de la territorialité reste donc bien fonda-
mental en notre matière.

Les lois étrangères ont abandonné le système qui
découle des principes du Code civil, pour se rallier
au système de la territorialité.

Ainsi la loi allemande du 11 juillet 1878 (art. 6)
dit : « La présente loi s'appliquera à tous les dessins
et modèles d'auteurs nationaux, pourvu que les objets
fabriqués d'après ces dessins ou ces modèles l'aient
été en Allemagne, sans distinguer s'ils se débitent
en Allemagne ou à l'étranger. Les auteurs étrangers,
qui ont leur établissement industriel dans l'étendue
de l'Empire, jouissent de la protection de la présente

loi pour les objets qui ont été fabriqués en Allemagne. Dans tous les autres cas, la protection que peuvent invoquer les auteurs étrangers se règle d'après les traités internationaux existants. »

C'est donc bien le principe de la territorialité, avec un tempérament tiré de la réciprocité purement diplomatique.

La loi autrichienne de 1858, art. 5, § 1, dit que l'étranger pourra déposer son dessin, s'il est domicilié en Autriche, ou s'il y a un établissement, ou bien encore s'il peut se prévaloir d'un traité.

Les lois anglaise et italienne sont, en cette matière comme en toutes autres, les plus larges dans l'application de la protection aux étrangers. Elles les protègent indistinctement, quel que soit le lieu de leur établissement, en l'absence même de toute réciprocité.

L'article 47 de la loi anglaise du 25 août 1883 dit en effet : « Sur la demande faite par ou au nom de toute personne qui prétend être propriétaire d'un dessin nouveau ou original, non publié antérieurement dans le royaume, le contrôleur général peut enregistrer....» Et la loi donne du mot « personne » une définition qui comprend les étrangers.

La loi italienne de 1868 est conçue dans le même esprit.

Les formalités et conditions auxquelles sont soumis les étrangers protégés par notre loi sont les mêmes que celles qui s'appliquent aux Français. Ils

doivent opérer le dépôt, et leurs desins ou modèles
doivent être nouveaux au regard de notre loi.

§ 1er

Dépôt.

L'étranger, d'après le décret du 5 juin 1851, doit
effectuer son dépôt au secrétariat du conseil des
Prud'hommes de Paris. Il devra justifier de la réciprocité législative ou diplomatique, qui lui donne le
droit d'être protégé en France.

Supposons un étranger établi dans un pays qui
n'est pas sa patrie, et qui est lié à la France par un
traité de réciprocité. Cet étranger, pour être admis
au dépôt au conseil des Prud'hommes de Paris, se
réclamerait en vain du traité en question, si son pays
d'origine n'accordait pas lui-même la protection à
nos nationaux. C'est le résultat rigoureux de l'application à notre matière des règles du Code civil et de
la loi de 1873.

§ 2

De la nouveauté.

Aucun article de la loi de 1806 ne détermine à
quelle condition un dessin ou un modèle doit être
réputé nouveau. La jurisprudence française a été
contrainte d'appliquer, par analogie, les règles fixées
à ce sujet pour les brevets par les articles 30, § 1, et

31 de la loi de 1844. (Dalloz, 1847-2, p. 13 ; —
Pataille, 1881, p. 71.)

Tout dessin qui, avant le dépôt, a reçu une publicité suffisante pour pouvoir être exécuté, n'est pas
nouveau, et ne peut, en conséquence, être l'objet
d'un droit exclusif. (Pataille, 1884, p. 282. — *Revue
de Droit commercial*, 1886, p. 35.) On s'appuie pour
décider ainsi sur l'art. 15 de la loi de 1806 : « Tout
fabricant qui voudra pouvoir revendiquer par la
suite un dessin devra le déposer. »

La jurisprudence belge a donné une interprétation analogue de la loi de 1806, qui régit encore la
matière en Belgique.

Il nous suffira donc de nous reporter à ce que
nous avons dit de la nouveauté en matière de brevets, pour trouver la solution des questions qui se
présenteront sur les dessins et modèles.

La loi allemande du 11 janvier 1876 (art. 7) dit
que : « La déclaration et le dépôt devront être faits
avant qu'aucun objet fabriqué d'après le dessin ou
le modèle n'ait été mis en circulation. »

L'art. 47 de la loi anglaise du 25 août 1883 veut
que « le dessin soit nouveau et original, et qu'il n'ait
pas été publié antérieurement au dépôt dans le
Royaume-Uni ».

En France, le dépôt est secret ; en Autriche, il se
fait à découvert ; en Allemagne, il est publié à l'expiration du monopole ; en Angleterre également.

La loi suisse du 21 décembre 1888 (art. 10) permet de faire le dépôt des dessins et modèles ouvertement ou sous pli cacheté.

Les effets de la publicité légale à l'étranger, relativement à un dépôt subséquent en France, seront les mêmes que ceux que nous avons indiqués à propos des brevets.

§ 3

Solidarité des dépôts.

La loi de 1806 permet au déposant de s'assurer un droit de un, trois, cinq ans, ou même un droit perpétuel (art. 18). Dans la plupart des législations récentes, la perpétuité du droit a été repoussée. Le Congrès de 1878 a émis le vœu que le monopole ne pût jamais durer plus de trente ans. La loi allemande du 11 janvier 1876 (art. 8) dit que la protection peut durer, au choix du déposant, depuis un an jusqu'à trois ans, à partir de la déclaration ; mais l'auteur peut, moyennant une taxe, obtenir une prolongation du délai de protection, de sorte que ce délai soit au plus de quinze ans.

L'esprit général de notre législation industrielle nous conduit à donner, sur l'indépendance des dépôts opérés à l'étranger et en France, les mêmes solutions que pour la durée des brevets. Nous dirons donc que la protection, dans notre pays, doit cesser au plus tard en même temps que dans le pays étranger où le dépôt a eu lieu primitivement.

En notre matière, la loi de 1806 ne prononce pas de déchéance, même pour introduction d'objets similaires fabriqués à l'étranger. Cette dernière déchéance ne s'expliquerait d'ailleurs pas, l'exploitation en France n'étant pas, croyons nous, une condition de la protection.

La loi autrichienne de 1858 (art. 11) exige l'exploitation dans le pays, et prononce la déchéance pour cause d'introduction.

La loi allemande du 11 janvier 1876 prononce seulement la déchéance pour défaut d'exploitation.

Quant à la loi anglaise du 25 août 1883, elle décide que, dans deux cas, l'extinction du monopole se produira (art. 51 et 54) : 1° « Le propriétaire d'un dessin doit, avant la mise en vente, marquer chacun de ses articles de la marque prescrite : d'un mot indiquant que le dessin ou modèle est enregistré, sinon le privilège cesse ; — 2° S'il est fait usage d'un dessin enregistré dans un État étranger, et qu'il ne soit pas employé dans les six mois de son enregistrement dans ce pays, le privilège sur le dessin sera annulé. »

La jurisprudence admet en cette matière, comme en celle des brevets, la solidarité des droits. Si le monopole cesse ou est annulé à l'étranger, elle veut qu'il ne puisse plus s'exercer en France. (*Journal du Palais* 1864, p. 727.)

Nous avons repoussé ce système dans notre chapitre précédent, nous avons les mêmes raisons de le combattre ici.

Le Congrès de 1878 s'est prononcé contre toute solidarité ; mais, dans les traités internationaux, le système de la jurisprudence a été consacré. (Traités franco-belge et franco-autrichien.) — Nous avons dit qu'à notre avis, la protection de la loi française n'était pas subordonnée à la condition d'exploitation en France. Tel n'est pas l'avis de la jurisprudence, qui refuse de faire respecter le monopole d'un industriel dont les dessins sont fabriqués exclusivement à l'étranger.

Pour justifier cette solution, les Cours et Tribunaux ont fait valoir successivement deux sortes d'arguments.

D'abord, on a dit que la loi de 1806, et l'ordonnance de 1825, qui la complète, ne parlaient que de la fabrication française ; que, pour déterminer le lieu du dépôt, on avait désigné le conseil des Prud'hommes du lieu *de fabrication*, et, à son défaut, le tribunal de commerce ou le tribunal civil du ressort dans lequel était située la *fabrique*. L'insistance de la loi à supposer une exploitation en France montre bien qu'elle n'a pas eu pour but de protéger autre chose que des produits sortant des ateliers nationaux. Si donc un étranger ne fabrique pas en France les dessins qu'il y a déposés, il sort de la sphère d'application de la loi, il cesse d'être protégé par elle. Pas de protection sans exploitation, il y a déchéance.

Tel est le premier point de vue auquel s'est placée la jurisprudence. (Dalloz, 1847, 2, p. 13 ; — 1854, 2, 35.)

Dans les arrêts les plus récents, l'idée de déchéance disparaît, et l'on voit se dessiner davantage la théorie que le droit ne peut naître que s'il y a fabrication. La Cour de Paris (Sirey, 1880, 2, p. 129) dit que la loi de 1806 et l'ordonnance de 1825 ont entendu que le dépôt, pour être valable, devait être fait par une fabrique située dans un arrondissement français, avoir pour objet un dessin fabriqué en France. Si on ne fabrique pas en France, on ne peut donc déposer valablement. La loi de 1806 et l'ordonnance ne protègent que des produits nationaux.

Que vaut la solution de la jurisprudence ? Remarquons qu'elle fait résulter d'une ordonnance une décision aussi importante. Une ordonnance qui a pour but d'assurer l'exécution d'une loi ne se charge pas, d'ordinaire, de poser à la jouissance des droits qu'elle réglemente des restructions aussi évidemment étrangères à l'esprit de la loi qu'il s'agit de rendre applicable. Même en admettant que telle puisse être, ou que telle ait été, à une certaine époque, la puissance effective du pouvoir réglementaire, il n'en faudrait pas moins repousser les conclusions que donne la jurisprudence. Si l'ordonnance de 1825 a parlé du ressort de la fabrique, c'est par la raison qu'auparavant on s'était demandé si le dépôt ne devait pas être effectué dans le ressort du domicile de l'auteur du dessin. Un avis du Conseil d'État s'était prononcé pour le conseil des Prud'hommes de la fabrique ; l'ordonnance a consacré cette solution. Et c'est d'un texte si évidemment étranger à la question qui nous occupe, qu'on voudrait, épiloguant sur un mot, faire sortir une entrave si dangereuse au droit du déposant?

Remarquons-le bien, le résultat de la théorie de la Cour de Paris, c'est de refuser toute protection au dessinateur de profession qui n'est attaché à aucune fabrique. Est-il possible d'arriver à méconnaître à ce point l'esprit d'une loi, à force d'en vouloir respecter les termes?

Quoi qu'il en soit, la jurisprudence est rigoureuse, inflexible. Elle s'est laissé entraîner trop facilement à appliquer aux dessins et modèles les principes posés par la loi de 1844 en matière de brevets.

Le projet déposé au Sénat par M. Bozérian, qui a pour but de donner enfin à la France une législation complète sur les dessins et modèles, prononce la déchéance faute d'exploitation pendant un an.

Plusieurs traités disent que les ressortissants du pays signataire jouiront de la protection de la loi française, indépendamment de toute exploitation. Il se produira dans ce cas ce résultat singulier, si on admet le principe de la jurisprudence, que les nationaux de ces pays seront mieux traités en France que les Français eux-mêmes. Il est bien difficile de croire qu'une théorie aussi fertile en conséquences bizarres ait été celle du législateur.

Cette courte revue des principes admis en matière de dessins et modèles a suffi pour vous montrer dans quelle incertitude dangereuse, et quelles menaçantes erreurs, l'absence de législation précise pouvait jeter les tribunaux. Nous ne saurions terminer ce chapitre sans exprimer le vœu que les travaux législatifs entrepris depuis une dizaine d'années sur la matière soient enfin condensés dans une loi claire, qui ne laisse plus aucune place à l'arbitraire des interprétations basées sur des analogies douteuses.

CHAPITRE III

DES MARQUES DE FABRIQUE ET DE COMMERCE

Pour spécialiser leurs produits, pour leur donner en quelque sorte un état civil, un certificat d'origine, les fabricants et les commerçants ont usé de deux moyens principaux. Le premier consiste à apposer sur les produits qui sortent de leurs fabriques ou de leurs magasins un emblème, toujours le même, qui finit par figurer aux yeux du public l'établissement d'où les produits sont sortis. Le second procédé consiste tout simplement à imprimer le nom du fabricant ou du commerçant sur ses marchandises. Dans le premier cas, on est en présence d'une marque emblématique; dans le second, d'un nom commercial employé comme marque.

La législation française actuelle régit différemment ces deux sortes de droits, nés des procédés que nous venons de décrire. Les marques emblématiques ont une loi spéciale, la loi du 23 juin 1857; les noms commerciaux sont protégés par la loi du 28 juillet 1824.

Les droits dont il s'agit ne différant que par l'aspect des signes employés, et procédant d'une idée identique, on a critiqué à juste titre cette dualité de législation, qu'aucun argument sérieux ne justifie (1). C'est surtout à l'égard du traitement réservé aux étrangers, que les deux lois présentent des principes différents. La loi de 1857 a appliqué dans toute sa netteté le principe de territorialité, qui forme la base de presque toutes les législations modernes en matière de propriété industrielle. La loi de 1824 n'a pas formulé de règles sur les droits des étrangers, et l'on est contraint d'en revenir aux principes du Code civil, légèrement modifiés par la loi de 1873, pour trouver la mesure de leurs droits en France. A proprement parler, ici encore, comme en matière de dessins et modèles, et il y a plutôt absence de législation internationale, que dérogation préméditée à la théorie de la territorialité.

SECTION I

MARQUES EMBLÉMATIQUES.

§ Ier

Législation française.

Le principe de la territorialité est affirmé par les deux articles suivants de la loi de 1857 : Art. 5. « Les étrangers qui possèdent en France des établis-

(1) *Voir* à ce sujet un article de M. Ch. Lyon-Caen dans la *Revue critique*, année 1878, p. 693.

sements d'industrie ou de commerce jouissent, pour
les produits de leurs établissements, du bénéfice de
la présente loi, en remplissant les formalités qu'elle
prescrit. »

Art. 6. « Les étrangers et les Français dont les établissements sont situés hors de France jouissent
également du bénéfice de la présente loi pour les
produits de ces établissements si, dans les pays où
ils sont situés, des conventions diplomatiques ont
établi la réciprocité pour les marques françaises, —
Dans ce cas, le dépôt des marques étrangères a lieu
au greffe du tribunal de commerce du département
de la Seine. »

Ainsi, toute marque apposée sur un produit sortant d'un établissement situé en France a droit à la
protection de la loi.

En revanche, toute marque apposée sur des marchandises d'un établissement situé à l'étranger ne
peut être valablement déposée en France, que si
le pays de cet établissement est lié au nôtre par un
traité de réciprocité. La loi du 26 novembre 1873
a assimilé la réciprocité législative à la réciprocité
diplomatique dans son art. 9 : « Les dispositions
des autres lois en vigueur touchant le nom commercial, les marques, dessins ou modèles de fabrique, seront appliquées au profit des étrangers, si
dans leur pays la *législation* ou des traités internationaux assurent aux Français les mêmes garanties. »

Cet article ne dit rien des Français établis à l'étranger ; mais on ne pourrait, sans prêter au législateur l'intention de commettre une absurdité, croire que leur situation est, grâce à ce silence, moins bonne que celle des étrangers possédant des établissements hors de France. Il est donc nécessaire de les assimiler aux étrangers dont parle notre article.

Ainsi, la loi française, indépendamment de tout traité, protège la marque d'un étranger :

1° Quand elle est apposée sur les produits d'un établissement situé en France ;

2° Quand l'étranger peut invoquer la réciprocité législative.

— 1° Quand aura-t-il exploitation en France donnant droit à la protection ?

Il faudra que le fabricant ou le commerçant étranger possèdent dans notre pays un véritable atelier de fabrication, une maison de commerce sérieuse. Des succursales montées pour la forme ne sauraient donner satisfaction aux exigences de la loi.

Quant aux formalités à remplir pour obtenir la protection, les étrangers domiciliés en France sont en tous points assimilés aux Français. Ils doivent donc opérer le dépôt de leurs emblèmes au greffe du tribunal de commerce du ressort de leur domicile. Une difficulté se présentera pour le cas où un de ces étrangers aura son domicile hors de France. D'une part, le greffe compétent ne saurait être celui de ce domicile, puisqu'il est situé à l'étranger. D'autre part, le greffe du tribunal de commerce de la Seine ne peut recevoir le dépôt, puisqu'il doit enregistrer seulement les marques d'établissements situés à l'étranger. On ne peut sortir de la difficulté qu'en attribuant compétence au greffe de l'établissement, en se fondant sur ce qu'au point de vue de la loi des marques, c'est le lieu de l'établissement qui doit être avant tout pris en considération.

— 2° Quant aux étrangers qui peuvent invoquer en leur faveur la réciprocité législative, nous verrons à quels pays ils appartiennent, en passant en revue les législations étrangères à la fin de ce chapitre.

Les questions qui naissent de la réciprocité législative sont les mêmes que celles qu'on rencontre à propos de la réciprocité diplomatique. De plus, cette réciprocité, résultant de la seule comparaison des lois, est, en fait, absolument lettre-morte, les pays qui pourraient s'en prévaloir étant tous liés en outre les uns aux autres par des traités. Nous n'avons donc pas à examiner plus longtemps les résultats de la réciprocité législative; nous les étudierons en même temps que nous examinerons l'effet des conventions, qui font en quelque sorte double emploi avec cette réciprocité.

Quelle est, chez nous, la situation juridique des marques que notre loi ne protège pas, parce qu'elles sont employées par un établissement situé dans un État ne protégeant pas les marques françaises ?

Certainement, elles ne peuvent être déposées valablement en France et protégées par la loi de 1857.
(Art. 6, 1857; 9, 1873, *a contrario*.)

Mais le propriétaire de ces marques sera-t-il absolument désarmé contre les usurpateurs français ?
Nous ne le pensons pas. L'article 6 de la loi de 1857
et l'article 9 de la loi de 1873 n'ont eu et ne pouvaient avoir qu'un effet : refuser aux étrangers qu'ils
visent le bénéfice de la loi spéciale, c'est-à-dire le
droit d'opérer le dépôt et de poursuivre correction-
nellement les contrefacteurs. Pour nos étrangers,
la loi de 1857 n'existe pas.

Mais cette loi n'est pas la seule arme contre la
fraude. Les industriels français qui n'ont pas voulu
opérer le dépôt ne sont pas pour cela à la merci des
contrefacteurs; ils peuvent user contre eux du droit
que leur confère l'art. 1382 du Code civil, c'est-à-
dire intenter une action en concurrence déloyale.
L'art. 1382 du Code civil est bien un de ceux dont
on peut le plus justement dire qu'ils relèvent du *jus
gentium*; c'est la proclamation d'un principe d'équité
de tous temps et de tous pays. En notre espèce, le
droit d'intenter l'action en concurrence déloyale
apparaît comme inséparable de celui de faire le
commerce reconnu aux étrangers. (*Sir*, Bozerian,
Consultation.)

On a dit que cette solution allait directement
contre l'esprit de la loi : « Que deviendraient, dit
M. Huard (*Propriété industrielle*, n° 146), le sys-

10

tème de réciprocité, les espérances de traités internationaux fondés sur lui par ses partisans, si, par un biais ingénieux, on arrive à protéger l'étranger qui n'offre pas aux Français la même protection? »

Il est facile de répondre que l'application aux étrangers de l'art. 1382 ne supprimerait pas pour eux les avantages à espérer d'un traité. En effet, la protection de l'art. 1382 est insuffisante aux yeux du législateur français, puisqu'il a cru devoir la renforcer par un système de pénalité créé par une loi spéciale. Les gouvernements étrangers auront donc grand intérêt à faire profiter leurs nationaux de la protection de cette loi spéciale, et, pour l'otenir, ils demanderont à conclure des traités. (Sirey, 1880, 2, p. 114.)

Si nous admettons que la marque étrangère, en l'absence de toute réciprocité, peut être défendue par l'art. 1382 du Code civil, nous serons forcés d'en conclure qu'elle ne tombe pas en France dans le domaine public. Il en sera de cette marque comme de celle d'un Français qui n'a pas jugé à propos d'opérer le dépôt. Elle pourra être l'objet d'un droit exclusif respecté, mais plus difficile à prouver que si les formalités de l'enregistrement avaient procuré à son propriétaire un certificat de possession. Le domaine public, d'ailleurs, aurait encore moins de raison d'être saisi de la marque de l'étranger que de la marque française non déposée. En effet, en ne déposant pas, le Français commet une négligence qui

peut être interprétée comme un abandon tacite du
droit exclusif. L'étranger, au contraire, ne dépose
pas parce que la loi le lui interdit. Il n'y a pas à
tirer contre lui, du fait qu'il ne fait pas enregistrer
sa marque, une présomption d'abandon du droit.

La jurisprudence française décide que la marque
étrangère d'un pays de non-réciprocité tombe en
France dans le domaine public. C'est sur ce principe qu'elle se fonde pour refuser tout effet au dépôt
de cette marque, effectué même après un traité de
réciprocité. (Cass., 20 janvier 1864, Dalloz, 64, 1,
p. 451 ; — Cass., 4 février 1865, Dall., 65, 1, 197 ;
— Cass., 13 janvier 1880, Dall., 80, 1, p. 225 ; —
Cass., 30 juillet 1884, Dall. 85, 1, 448.)

Pour la Cour de cassation, en refusant à l'étranger le droit d'opérer le dépôt, la loi a entendu lui
enlever toute protection. Cette proposition est certainement exagérée, puisqu'elle conduirait à dire
que toute marque non déposée est dépourvue de
moyens de défense, à supprimer toute application,
même en faveur des Français, de l'art. 1382 du
Code civil.

Et maintenant, demandons-nous si une marque
étrangère d'un pays de non-réciprocité doit être
considérée comme nouvelle en France. Que faut-il
entendre ici par nouveauté de la marque? Pour
nous, ce mot, souvent employé, est déplacé en notre
matière; une marque n'a pas besoin d'être constituée par un emblème inconnu jusqu'au jour du dé-

pôt. La loi n'exige pas tant d'invention du déposant.
Ce qu'elle lui demande, c'est que le signe présenté
à l'enregistrement soit véritablement distinctif, qu'il
ne puisse se confondre avec aucune des marques
employées librement, c'est-à-dire tombées dans le
domaine public, ni avec les marques objets de droits
exclusifs. La question de nouveauté, si l'on veut se
servir de ce mot que nous croyons peu exact, rentre
donc dans les deux questions que nous venons d'examiner : 1° la marque étrangère dont nous parlons,
peut-elle être défendue en France contre les usurpateurs ? 2° est-elle dans le domaine public ? Nous
avons résolu ces deux questions dans le sens le plus
favorable aux étrangers, en leur permettant d'user
du bénéfice de l'art. 1382 ; notre réponse sur cette
troisième question devra donc être celle-ci : la marque
étrangère, qui ne peut être déposée en France, n'y
est cependant pas nouvelle; elle ne pourra y être
déposée valablement par un Français. (*Contra*,
Pouillet, n° 21.)

Il est vrai que cette théorie aura quelquefois pour
résultat de faire annuler le dépôt fait par un Français ignorant l'existence de la marque étrangère,
mais ce résultat sera plus rare qu'on ne le pense, et
ne doit pas nous faire reculer devant l'application de
la théorie. En effet, il est peu vraisemblable qu'un
Français, dans ce cas, soit à l'abri de tout soupçon.
S'il est attaqué par notre étranger, celui-ci devra
prouver la mauvaise foi ; s'il est attaqué par un

contrefacteur français, le contrefacteur devra prouver l'antériorité de la marque étrangère. Si cette
antériorité peut être prouvée, il faudra convenir que
le Français déposant a fait preuve d'une négligence
coupable, en ne prenant pas les renseignements
nécessaires au moment de son dépôt, et sa bonne foi
deviendra très problématique.

§

Législations étrangères.

On peut diviser les lois étrangères en trois classes :

1° Celles qui, comme la loi française, protègent
les étrangers en cas de réciprocité diplomatique ou
législative ;

2° Celles qui ne se contentent que de la réciprocité diplomatique ;

3° Les législations qui, sans aucune condition de
réciprocité, accordent aux étrangers le même traitement qu'aux nationaux.

— 1° Dans la première catégorie, nous rangerons
d'abord l'Allemagne.

L'art. 13 de la loi des marques, du 30 novembre
1874, déclare que les dispositions de cette loi sont
applicables à tous les producteurs et commerçants
établis en Allemagne. L'art. 20 ajoute que la protection sera encore accordée « aux marques de fabrique
des industriels qui ne possèdent point d'établissement

en Allemagne, ainsi qu'aux *noms et raisons commerciales* des producteurs et commerçants étrangers,
lorsqu'il sera établi par un avis inséré au bulletin
des lois de l'empire que, dans les pays où se trouvent
leurs établissements, les marques de fabrique ou
raisons de commerce allemandes jouissent de la
protection légale ».

Ainsi la loi allemande exige une constatation officielle de la réciprocité législative ; c'est en cela seulement qu'elle diffère du système français.

La loi fédérale suisse du 19 décembre 1879 contient la disposition suivante : « Sont protégés :

« Article 7. — 1° Les industriels ayant le siège de
leur fabrication ou production en Suisse et les commerçants qui y possèdent une maison de commerce
régulièrement établie ;

« 2° Les industriels et les commerçants établis dans
des États qui accordent aux Suisses la réciprocité de
traitement, pourvu que ces industriels et commerçants fournissent en outre la preuve que, soit leurs
marques, soit leur raison de commerce, sont suffisamment protégées au lieu de leur établissement. »

L'art. 2 de la loi danoise du 2 juillet 1880 protège « quiconque se livre en Danemark à la fabrication ou au commerce », sans faire aucune distinction
tirée de la nationalité, et l'art. 19 dispose que par
ordonnance royale le bénéfice de la loi pourra être
étendu aux étrangers établis hors de Danemark « à
condition de réciprocité ». Cette expression de réci-

procité sans épithète fait penser qu'il s'agit aussi bien de la réciprocité législative que de la réciprocité diplomatique.

La loi suédoise du 5 juillet 1844 (art. 16), et la loi norwégienne du 26 mai 1884, ont adopté un système analogue.

La loi portugaise du 4 juin 1883 (art. 28) protège les étrangers établis dans le royaume. L'art. 29 ajoute : « Les étrangers qui exerceront hors du Portugal leur industrie ou leur commerce jouiront en Portugal des droits et garanties accordés par la législation de leur pays aux sujets portugais. »

Remarquons ici une différence assez sensible avec le système français. Notre loi traite les Français établis à l'étranger comme les nationaux du pays de leur établissement. La loi portugaise, au contraire, s'applique toujours aux Portugais, même établis hors du royaume.

Aux États-Unis, la loi du 3 mars 1881, article premier, s'exprime ainsi : « Les propriétaires de marques de fabrique et de commerce en usage dans les relations avec les nations étrangères ou avec les tribus indiennes peuvent faire enregistrer ces marques en remplissant les formalités suivantes, pourvu qu'ils soient domiciliés aux États-Unis ou qu'ils résident, soit dans un pays, soit dans une tribu dans lesquels, en vertu d'un traité, d'une convention ou d'une loi, des droits semblables appartiennent aux citoyens des États-Unis. »

La loi de 1881 ne s'applique que dans les relations internationales. Elle a remplacé une loi de 1870 qui régissait même les rapports entre commerçants et industriels américains d'un même État. Cette loi avait été déclarée inconstitutionnelle, la constitution en son article 1er, § 8, disant que « le Congrès aura le pouvoir de réglementer le commerce avec les nations étrangères, entre les divers États de l'Union et en outre avec les tribus indiennes ».

La nouvelle loi s'est renfermée dans les termes de cet article, et ne prête plus aux critiques qui avaient fait tomber la loi de 1870.

— 2° Dans la deuxième catégorie, nous rangerons d'abord la législation belge. La loi du 1er avril 1879 a adopté le système de notre loi de 1857, avant les modifications de 1873.

Les étrangers jouissent en Belgique de la protection pour les produits de leurs établissements belges; pour leurs exploitations situées hors du territoire du royaume, ils ne peuvent faire enregistrer leurs marques qu'en cas de réciprocité diplomatique. (Art. 6.)

Il en est de même au Luxembourg. (Loi du 28 mars 1883, article 9.)

La loi autrichienne du 7 décembre 1858 (art. 6) accorde sa protection à tous les industriels et producteurs indigènes. Il ne paraît pas que la réciprocité législative soit suffisante pour fonder les droits des étrangers. (Argument, art. 8 de la loi du 15 mars

1883, portant modification et extension de l'ordonnance sur l'industrie.)

En Espagne, la loi du 20 novembre 1850 a adopté le même système.

En Russie, les étrangers sont admis au bénéfice, des lois sur les marques en cas de réciprocité diplomatique. La loi qui punit la contrefaçon est le règlement de l'industrie des usines et fabriques. (Art. 78, XI° volume.)

La loi roumaine du 14 avril 1879 protège tous les industriels et commerçants établis dans le royaume, sans distinction de nationalité : « Ceux qui exploitent hors du territoire roumain ne sont admis à bénéficier des dispositions de la loi qu'en cas de réciprocité diplomatique. » (Art. 10.)

En Serbie, la loi du 30 mai 1884 (art. 35) suppose que le sort des étrangers doit être réglé par la voie diplomatique, car elle dit que les traités antérieurs à la loi resteront en vigueur.

En Turquie, la loi du 3 juin 1872 (art. 6) protège les marques des étrangers habitant l'empire ; une convention diplomatique est nécessaire pour permettre aux autres de bénéficier de la protection de la loi.

Au Brésil, la loi du 14 octobre 1887 (article 25) adopte, à l'égard des industriels et commerçants établis à l'étranger, le système de la réciprocité diplomatique.

— 3° Dans la troisième catégorie, nous placerons d'abord la législation anglaise.

La loi du 23 août 1887 accorde la protection aux étrangers comme aux nationaux. La définition qu'elle donne du mot « personne », art. 3, comprend en effet, sans distinction de nationalité, toutes personnes constituées en corps ou corporation, ou non. La loi de 1883 était déjà aussi large dans sa définition.

En Italie, l'article premier de la loi du 30 août 1868 (art. 4) dit expressément : « Les marques ou signes distinctifs déjà employés légalement à l'étranger sur les produits ou marchandises de fabricants étrangers qui importeraient dans l'État, ou sur les animaux de ces étrangers importés dans le royaume, sont reconnus et garantis, pourvu qu'ils observent à l'égard des marques les prescriptions nationales. »

La loi hollandaise du 25 mai 1880 (art. 1er) accorde à tous les propriétaires de marques le droit d'être protégés en Hollande sans distinction de nationalité.

Le Canada (loi du 1er mai 1879, art. 38) consacre le système admis en Angleterre.

La loi du Chili, du 12 novembre 1874, donne la même solution.

La loi de la République Argentine, du 19 août 1876, et celle de l'Uruguay, du 1er mars 1877, accordent aussi aux étrangers le droit de faire enregistrer leurs marques sans condition de réciprocité.

SECTION II

NOM COMMERCIAL

§ 1er

Législation française.

L'apposition du nom d'un tiers sur des produits qui ne sont pas sortis des établissements de ce tiers constitue un délit, et rend son auteur passible des peines portées par la loi du 28 juillet 1824.

Cette loi se compose de deux articles seulement : Art. 1 : « Quiconque·aura, soit apposé, soit fait apparaître par addition, retranchement, ou par une altération quelconque, sur des objets fabriqués, le nom d'un fabricant autre que celui qui en est l'auteur, ou la raison commerciale d'une fabrique autre que celle où lesdits objets auront été fabriqués, ou enfin le nom d'un lieu autre que celui de la fabrication, sera puni des peines portées en l'art. 423 du Code pénal, sans préjudice des dommages-intérêts, s'il y a lieu. — Tout marchand, commissionnaire ou débitant quelconque sera passible des effets de la poursuite, lorsqu'il aura sciemment exposé en vente ou mis en circulation les objets marqués de noms supposés ou altérés. »

Ainsi, la loi protège les noms de personnes et les noms de lieux.

A. Noms de personnes.

L'article 9 de la loi du 26 novembre 1873 a,
nous l'avons vu, décidé que les étrangers jouiraient
en France de la protection de la loi sur les noms,
en cas de réciprocité diplomatique ou législative.
Ici, nous ne pouvons appliquer, en l'absence de texte,
la règle d'assimilation aux Français des étrangers
établis en France. Il faut s'en rapporter aux principes du Code civil ; c'est le système non de la territorialité, mais de la personnalité. Dire d'où vient
cette différence entre les deux règles posées l'une
pour les marques, l'autre pour les noms, et chercher
un motif rationnel de cette différence, serait impossible. La loi de 1824, en ses deux articles laconi-
ques, a été faite pour satisfaire aux besoins du
moment. La loi de 1857, mieux étudiée, a créé un
système complet de protection. Il a bien fallu combler les lacunes de la première, par l'application
des principes généraux. Il est à souhaiter qu'un projet, déposé au Sénat par M. Bozerian, le 26 mai 1879,
soit enfin voté et donne une allure plus moderne et
plus rationnelle à notre législation sur les noms.

A défaut de réciprocité, les étrangers, privés du
bénéfice de la loi de 1824, pourront-ils au moins intenter contre les usurpateurs de leurs noms une action en concurrence déloyale ? Nulle propriété n'est
plus sacrée, plus individuelle, si on peut s'exprimer
ainsi, que le nom, symbole de l'individualité même.

Quand il s'agit des noms de personnes usurpés
dans les relations ordinaires de la vie, la jurispru-

dence accorde une action tirée de l'art. 1382 du Code
civil à toute victime de cette usurpation, quelle que soit
sa nationalité. (Paris, 28 juin 1859; Sirey, 1862, 1,
25.) Et cependant les tribunaux ont refusé toute
protection aux commerçants et fabricants étrangers
dont les noms, employés comme marques, avaient
été frauduleusement apposés sur les marchandises
d'autrui.

Pourquoi cette impunité dès que le nom devient
une propriété commerciale? Nul ne saurait en trouver un motif juridique. M. Dupin, qui défendait la
théorie contraire aux étrangers devant la Cour de
cassation, n'a pas craint de l'étayer par ces paroles
du poète :

« Dolus an virtus quis in hoste requirat. »

Il est difficile de pousser plus loin la franchise dans
l'injustice. Cela revient à dire que tous les moyens
sont bons pour combattre la concurrence étrangère.
Idée imprudente, si l'on songe qu'elle peut être
appliquée contre nous par de justes représailles ;
idée inique avant tout, puisqu'elle traduit l'impunité
du vol de réputation. Les arrêts qui ont adopté ce
système sont assez anciens (Bordeaux, 20 juin 1853,
Gaz. du Palais, 55, 2, 137 ; — Cass., 11 juillet 1848,
Gaz. du Palais, 48, 2, 36). Il est à présumer que nos
magistrats se montreraient aujourd'hui, nous ne
dirons pas plus libéraux, mais simplement plus
justes.

B. — Noms de lieux.

Le même système découle de la lecture de la loi
de 1824 et de celle de 1873, en ce qui concerne les
noms de lieux. Les étrangers ne pourront donc faire
protéger en France le nom des localités où ils exploitent contre la fraude ayant pour but de donner
le change sur la provenance réelle des produits.

§ 2

Législations étrangères.

Dans tous les pays civilisés, la loi réprime l'usurpation du nom commercial. Tantôt la partie lésée
est armée seulement d'une action en dommages-
intérêts ; tantôt elle peut requérir l'application de
peines corporelles. Généralement les législations qui
prononcent une peine contre l'usurpateur se contentent de lui appliquer les dispositions de la loi contre
les contrefacteurs de marques. Au cours de notre
revue des lois étrangères sur les marques, nous avons
plus d'une fois rencontré, dans les articles cités, le
nom commercial côte à côte avec la marque et protégé comme elle.

En Angleterre, de nombreuses décisions judiciaires
ont consacré le droit pour l'étranger, d'obtenir des
dommages-intérêts, en cas d'usurpation de son nom.
(Pataille, 1857, p. 278.)

Les noms de lieux de fabrication sont regardés

comme la propriété des fabricants qui possèdent des établissements dans ces lieux. Un arrêt reconnaît même le droit exclusif d'employer le nom d'une localité à celui qui, le premier, y a introduit un genre d'industrie nouveau. (Cour suprême de justice, Haute-Cour, division de Chancellerie, 12 février 1878. *Journal de Droit international privé*, 1879, p. 565.)

Aux États-Unis, les noms des étrangers sont protégés comme ceux des nationaux, sans condition de réciprocité. C'est une différence avec le système établi pour les marques, puisque celles-ci ne sont admises à l'enregistrement qu'en cas de traitement réciproque. (Pataille, 1878, p. 185.)

En Italie, la loi sur les marques, applicable aux étrangers comme aux nationaux, consacre la propriété des noms commerciaux dans son art. 5. (Turin, 3 mars 1880, *Journal de Droit international privé*, 1883, p. 93 ; — Milan, 16 mai 1881, affaire Erba, *ibidem*, p. 23.)

La Belgique, qui en est encore, pour les marques, à la réciprocité purement diplomatique, admet au contraire les étrangers à invoquer, sans condition de réciprocité, l'art. 191 du Code pénal, qui punit la contrefaçon des noms. (Cour de Bruxelles, 4 février 1880.—Pataille, 1881, p. 106.)

Cet article 191 a même été appliqué à l'usurpation du nom de l'Administration des contributions indirectes française, apposé sur des cigarettes de la

régie. (26 décembre 1876, *Journal de Droit international privé*, 1878, p. 523.)

La loi argentine des marques contient tout un
titre consacré au nom commercial. Elle s'applique
aux étrangers comme aux nationaux, quel que soit le
lieu de l'établissement.

Dans les autres pays, les noms des étrangers,
comme leurs marques, sont protégés dans les mêmes
conditions et par la même l(

En Allemagne, c'est la loi d'Empire de 1874 qui
punit l'usurpateur du nom (art. 14). Elle s'applique
aux étrangers établis hors du royaume, en cas de
réciprocité légale ou diplomatique. Ceux qui exploitent en Allemagne doivent faire inscrire leur
firme (raison de commerce) sur le registre du
commerce de leur circonscription. (Loi de 1865
sur les firmes.)

La loi suisse (19 décembre 1879), sur les marques,
s'applique aux noms (art. 2 et 5) ; elle protège les
étrangers en cas de réciprocité.

En Norwège (art. 1er) ; en Suède (art. 1er) ; en
Autriche (art. 6) ; en Danemark (art. 1er) ; en Portugal (art. 5-20), la loi des marques protège aussi les
noms et s'applique aux étrangers en cas de réciprocité, s'ils exploitent hors du royaume.

SECTION III

MESURES PRISES CONTRE LES FRAUDES COMMISES
A L'ÉTRANGER

Nous n'avons examiné jusqu'ici qu'un aspect de la question de la protection internationale des marques: les droits reconnus aux étrangers. Le problème présente une autre face non moins intéressante, c'est l'ensemble des mesures prises par chaque pays pour défendre les droits de ses nationaux contre les usurpateurs étrangers. Nous ne parlerons pas ici, cette question étant réservée pour notre deuxième partie, des traités conclus pour assurer aux Français la protection des lois étrangères. Nous voulons seulement examiner les dispositions de législation intérieure, destinées à faire reculer les contrefacteurs étrangers devant la sévérité de la répression.

§ 1er

Législation française.

Deux textes s'occupent en France de cette question :

1° La loi du 26 novembre 1873 ;

2° L'art. 19 de la loi de 1857.

A. — Loi de 1873.

Aux termes de l'art. 5 du Code d'instruction criminelle, celui qui s'est rendu coupable d'un délit à l'étranger ne peut être poursuivi en France que s'il

11

est Français et si le délit est puni, non seulement
par la loi française, mais encore par la loi du pays
où il a été commis. Au point de vue des marques, ce
principe conduit aux conséquences suivantes : jamais la contrefaçon commise par un étranger dans
son pays ne peut être poursuivie en France ; commise par un Français, elle échappe encore à la juridiction de nos tribunaux, si la loi du lieu ne protège pas les marques françaises. On a voulu rendre
sa force à la loi, que le principe de l'article 5 du Code
d'instruction criminelle rendait impuissante. On a
permis aux propriétaires de marques, après justification de leurs droits, de faire apposer par l'Administration, sur leurs produits, un timbre ou poinçon
destinés à affirmer l'authenticité de la provenance.
L'estampillage officiel est comme un certificat de
nationalité. Supposons maintenant qu'un contrefacteur veuille usurper à l'étranger une des marques
estampillées. S'il ne reproduit pas avec cette marque le poinçon de d'État, il risque d'éveiller l'attention du consommateur qu'il veut tromper, pour peu
quel'habitude se répande, comme le souhaite la loi
de 1873, de faire timbrer et poinçonner les marques.
Si, au contraire, le contrefacteur usurpe l'estampille
officielle avec la marque, il commet non plus un
délit, mais un crime, et aux termes de l'art. 7 du
Code d'instruction criminelle, il est justiciable des
tribunaux français, même s'il est étranger.

Malheureusement, la loi de 1873 n'a pas produit

les résultats heureux qu'on attendait d'elle. Les industriels et commerçants ont hésité à faire timbrer et poinçonner leurs produits. Peut-être ont-ils craint que les formalités à remplir pour y parvenir ne fussent une entrave à la rapidité des livraisons ; peut-être aussi, et plus probablement, ont-ils été rebutés par le droit trop élevé que la loi de 1873 permettait à l'État de percevoir, pour prix de la garantie qu'il offrait. Toujours est-il que notre loi est aujourd'hui à peu près lettre-morte. L'art. 9, que nous avons cité souvent plus haut, est le plus connu et le plus appliqué, quoique le plus inattendu des articles de cette loi, qui affectait un caractère éminemment pratique.

Parmi les lois étrangères, la loi portugaise du 4 juin 1883 est la seule qui ait admis un système analogue à notre loi de 1873. L'art. 9, chapitre III, dit que les marques déposées et enregistrées conformément au chapitre précédent pourront être garanties par l'apposition du timbre de l'État.

B. — Article 19 de la loi de 1857.

Les contrefacteurs, toujours ingénieux, ont trouvé un moyen commode de prévenir la défiance des acheteurs, en procurant à leurs marchandises contrefaites une sorte de certificat d'authenticité. Voici comment ils procèdent : ils introduisent en France leurs produits frauduleusement marqués ; après un séjour plus ou moins long en entrepôt, ou même après avoir simplement transité, ces produits sont exportés revêtus des plombs de notre douane, et voyagent sous lettre de voiture française. Partout où ils sont alors présentés, on ne peut guère douter qu'ils aient été fabriqués en France, puisque, assurément, ils en viennent.

L'art. 19 a eu pour but de rendre possible la saisie des marchandises dont nous venons de parler, et de faciliter la découverte de ces fraudes. Il est ainsi conçu :

« Tous produits étrangers portant soit la marque, soit le nom d'un fabricant résidant en France, soit l'indication du nom ou du lieu d'une fabrique française, sont prohibés à l'entrée et exclus du transit et de l'entrepôt, et peuvent être saisis en quelque lieu que ce soit, soit à la diligence de l'Administration des douanes, soit à la requête du ministère public ou de de la partie lésée. — Dans le cas où la saisie est faite à la diligence de l'Administration des douanes, le procès-verbal de saisie est immédiatement adressé au ministère public. — Le délai dans lequel l'action prévue par l'art. 19 devra être intentée, sous peine de nullité de la saisie, soit par la partie lésée, soit par le ministère public, est porté à deux mois. Les dispositions de l'art. 14 sont applicables aux produits saisis en vertu du présent article. »

Comme on le voit, l'article vise non seulement les marques, mais encore les noms. C'est la seule disposition de la loi de 1857 qui ait trait au nom commercial. C'est même, en ce qui concerne le nom, et

surtout les noms de lieux, que notre article a donné
occasion aux discussions les plus vives. On s'est
demandé si un négociant, ou un fabricant établi en
France, pouvait se faire expédier, sans tomber sous
le coup de la loi de 1857, art. 19, des produits fabriqués à l'étranger et revêtus sur son ordre du nom
du lieu français de son exploitation.

La question s'est présentée pour la première fois
en 1864. La Cour de cassation, rejetant un pourvoi
formé contre un arrêt de la Cour de Rouen, a refusé
alors d'appliquer l'article 19 : « Attendu qu'au point
de vue où s'est placé le législateur, l'usurpation frauduleuse est l'élément essentiel de l'infraction qu'il a
voulu réprimer; que, lorsque c'est du consentement
et par l'ordre du négociant français lui-même, que
sa marque, ou son nom, ou lieu de résidence ont été
apposés, cet élément disparaît...»(Cass. 9 avril 1864,
S., 64, 1, 245.) On ne saurait critiquer cette décision
en tant qu'elle s'applique à la marque ou au nom du
fabricant. Mais est-elle aussi exacte en ce qui concerne l'apposition du nom du lieu de la fabrication?
Nous ne le croyons pas. Un fabricant établi dans un
pays donné n'est pas seul à se servir du nom de ce
pays pour marquer ses produits; il n'est en quelque
sorte que copropriétaire de ce nom que ses concurrents ont le droit d'employer tout comme lui ; il ne
peut donc abuser du nom en question sans violer les
droits de ses compatriotes.

Remarquons que cette apposition constitue une

véritable concurrence déloyale. En effet, le fabricant
introducteur se donne l'air de vendre à meilleur
compte les produits connus sur le marché de la ville
qu'il habite, et le résultat qu'il souhaite, c'est de
pouvoir, à l'aide d'un mensonge, détourner la clientèle à son profit. On se trouve donc bien en présence
des éléments de la concurrence déloyale.

Ajoutons que le législateur de 1824 avait certainement compris ainsi l'usage du nom du lieu de fabrication. En effet, il avait décidé qu'un règlement
d'administration publique déterminerait dans quel
rayon autour d'une ville pourraient être apposées les
marques portant le nom de cette ville. Le règlement
n'a pas été fait, mais la seule pensée de le faire témoigne, chez les auteurs de la loi, d'un désir de restreindre le droit des fabricants à employer le nom de leur
ville pour indiquer la provenance de leurs produits.
Il est bien certain qu'il n'aurait pas voulu leur
permettre de couvrir, sous un nom de lieu français,
l'origine étrangère de leurs produits.

La Cour de cassation a abandonné cette première
doctrine, et est revenue à une application plus exacte
des principes dans un arrêt du 23 février 1884 :
«Attendu, dit cet arrêt, que l'art. 1er de la loi de 1824
prohibe d'une manière absolue, et punit l'apposition
sur un produit industriel du nom d'un lieu autre
que celui de la fabrication ; que les principes posés
par cette loi ont été maintenus et confirmés par l'art.
19 de la loi du 23 juin 1857... » (Pataille, 1884, p. 208.)

La Cour suprême ne va pas jusqu'à dire que l'apposition du mot Paris, visé dans l'espèce, constituera toujours un acte puni par la loi. Elle exige que l'indication mensongère soit de nature à porter préjudice à l'industrie parisienne et à tromper l'acheteur.

D'après le même arrêt, les Cours et Tribunaux apprécient souverainement s'il y a eu préjudice. Ainsi, en même temps qu'était rendu par la Cour de Chambéry (30 décembre 1882) un arrêt sur lequel la Cour suprême donnait la décision de rejet que nous venons d'étudier, une instance analogue avait été introduite devant le Tribunal de la Seine et la Cour de Paris, sur les mêmes faits. Les deux Cours avaient donné deux opinions diamétralement opposées l'une à l'autre. Tandis que la Cour de Chambéry considérait la fabrication des boutons comme une industrie parisienne, et punissait en conséquence les introducteurs, la Cour de Paris (21 février 1883) disait : « qu'il n'est pas établi que Paris soit pour les boutons un lieu tout particulièrement renommé de fabrication, comme le serait Elbeuf et Sedan pour les draps.... » (Pataille, 1886, p. 354.)

Le principe d'après lequel les tribunaux apprécient souverainement le préjudice causé à l'industrie du lieu, aurait dû conduire la Cour suprême à rejeter également le pourvoi contre cet arrêt de la Cour de Paris, s'il avait été formé, bien que les deux décisions rendues sur des espèces identiques, fussent absolument inconciliables en fait.

Il ne faut pas exagérer la portée de l'arrêt de 1884. Il n'aboutit pas à proclamer que toute mention d'une localité française sur des produits étrangers pourra motiver une saisie ; il est nécessaire de plus qu'un véritable préjudice puisse être porté à l'industrie du lieu indiqué mensongèrement. Comment distinguer si ce préjudice existe ? On ne saurait établir à ce sujet de criterium exact. Toutefois, l'appréciation des tribunaux dépendra le plus souvent de l'examen des deux questions suivantes :

1° La mention a-t-elle les apparences d'une indication de provenance ?

2° La localité indiquée frauduleusement est-elle connue pour la fabrication des produits introduits ?

Quant au caractère de la mention, il dérivera le plus souvent de la nature de l'établissement de l'introducteur. Tient-il une maison de commerce, presque toujours l'indication n'aura pour but que de faire connaître son adresse. Exemple : Maison universelle, rue d'Alsace-Lorraine, Toulouse. — (Toulouse, 8 décembre 1886, Pataille, 1886, p. 342. — Confirmé par la Cour de cassation le 30 avril 1887, *Gaz. des tribunaux*, 2 et 3 mai. — *Contrà*, Besançon, 5 avril 1887, *Gaz. des tribunaux* du 4 mai.)

Si l'introducteur est fabricant, il y aura bien des chances pour que le public soit trompé, en lisant sur ses produits son nom et le nom d'une localité française ; il est presque certain que tout le monde verra là une mention de provenance et non une adresse.

Souvent les tribunaux auront à distinguer, et leur
tâche ne sera pas toujours facile, la mention de provenance du genre de fabrication. La question s'est
présentée pour les vins et en particulier pour les vins
de Champagne.

On s'est demandé d'abord si les producteurs de
vins devaient jouir de la protection que la loi de
1824 accorde aux fabricants. Un arrêt déjà ancien
de la Cour de Paris (du 30 décembre 1854, Pataille,
1856, p. 352) a tranché la question dans le sens de
l'affirmative, et a accordé au vigneron, propriétaire
d'un crû renommé, le droit de poursuivre, en vertu
de cette loi, toute personne qui ferait apposer sur
des bouteilles contenant du vin d'un autre pays le
nom du crû en question. (Il s'agissait du vin de la
côte du Mazel.)

Étant donné que les vins peuvent être protégés
comme les produits de fabrication visés par la loi de
1824, on s'est demandé ensuite si le nom d'une région
vinicole connue, comme la Bourgogne ou la Champagne, pouvait être revendiqué contre les usurpateurs,
par les vignerons de ces contrées. Un arrêt de la
Cour d'Angers, du 4 mai 1870 (Pataille 1870, p. 231)
fait une distinction. Il reconnaît expressément aux
propriétaires de vignes d'un crû spécialement dé-
nommé frauduleusement sur une marque le droit
d'empêcher cette fraude; mais il semble dénier le
même droit à tous les intéressés de la région. Ainsi,
d'après cet arrêt, les vignerons champenois ne pour-

raient se plaindre de l'usurpation du mot vin de Champagne, mais les propriétaires de vignobles d'Aÿ pourraient revendiquer le nom de ce crû.

La question des vins de Champagne s'est encore présentée plus récemment. Des marchands de vins de Saumur vendaient leurs produits sous le nom de vins de Champagne. Actionnés en usurpation de nom de provenance par la Chambre syndicale du commerce des vins de Champagne, ils se défendaient en disant que le mot vin de Champagne désignait plutôt un vin préparé, fabriqué d'une certaine façon, que le produit des raisins récoltés en Champagne ; qu'il y avait, dans l'emploi de ce nom, l'indication d'un procédé de fabrication et non pas l'usurpation d'une mention de provenance.

La Cour d'Angers, le 19 juillet 1887 (*La propriété industrielle*, n° du 1er février 1889), écartant la distinction qu'elle semblait faire en 1870, reconnut le droit d'agir, en vertu de la loi de 1824, à l'association syndicale champenoise. Elle rejeta ensuite le système de défense des contrefacteurs, en déclarant que le mot Champagne, s'il désignait des vins fabriqués d'après une certaine méthode, ne perdait pas pour cela son caractère d'indication de provenance. La Cour dit formellement, et avec raison : « qu'il importe peu que les vins de Champagne ne soient pas purement naturels, comme les vins de Bordeaux ou de Bourgogne, par exemple ; qu'ils ne tiennent pas leurs qualités uniquement du sol qui les a produits, et qu'ils empruntent une partie de ces qualités à un mode de préparation et de manutention spécial, puisque la loi du 28 juillet 1824 vise notamment l'indication mensongère *du lieu de fabrication*. »

§ 2

Législations étrangères

Quelques pays étrangers ont adopté des dispositions analogues à notre art. 19. En Angleterre, une loi du 24 juillet 1876 prohibe d'une façon absolue « l'importation des produits de manufactures étrangères, portant un nom, une marque, un emblème de nature à laisser supposer ou croire qu'ils sortent d'une manufacture britannique ».

En Italie, l'introduction de produits contrefaits constitue un délit. (Art. 5, § 2.)

En Portugal, d'après la loi de 1883, art. 30 et 31, la saisie est possible à la frontière, à moins que l'introducteur puisse présenter un document authentique ou légalisé, qui prouve que c'est du consentement de l'intéressé qu'il a été fait usage du nom, de la marque ou de la raison sociale figurant sur les produits venus de l'étranger.

L'importation et le transit des marchandises étrangères, portant un signe de provenance du pays, sont interdits en Serbie. (Art. 23 de la loi du 20 mai 1884.)

L'introduction en Turquie d'objets fabriqués à

l'étranger, avec l'apparence frauduleuse d'une fabrication ottomane, est punie par l'art. 23 de la loi de
1872.

Telles sont les mesures prises par nos lois contre
les usurpateurs étrangers de nos marques. On a
trouvé qu'elles n'étaient pas suffisantes, et un projet
de loi a été déposé en 1884 au Sénat par M. Bozerian, pour réprimer « les fraudes tendant à faire
passer pour français des produits fabriqués à l'é-
tranger ou en provenant ».

Ce projet se compose de quatre articles. On appliquerait désormais la loi de 1857 aux fraudes
qu'ils prévoient. La mention de provenance, appliquée sur des produits par l'ordre d'un fabricant français, rentrerait certainement dans les fraudes punies
par la loi. La théorie de l'arrêt de la Cour de cassation du 23 février 1884 deviendrait celle de la loi,
sans qu'on puisse élever aucun doute à ce sujet. La
France serait considérée, dans l'ensemble de son
territoire, comme un lieu de fabrication protégé par
la loi.

Les pénalités de la loi de 1857 deviendraient applicables, non seulement en cas de marques apposées
frauduleusement sur des produits, mais encore en
cas de manœuvres d'un autre genre, tendant à tromper sur la provenance réelle. (Prospectus, annonces,
circulaires, affiches.)

Un délit d'introduction serait créé, et la répression pénale assurée. La confiscation des produits

saisis serait obligatoire en cas de condamnation, tandis que, d'après la loi de 1857, elle est toujours facultative.

Enfin, le consommateur lui-même pourrait se plaindre d'avoir été trompé par l'apposition d'une marque ou d'un nom lui donnant le change sur la provenance.

La proposition de M. Bozerian fut prise en considération. Une commission fut nommée. Les questions soulevées par le projet furent soumises aux cours et aux tribunaux. Plusieurs tribunaux demandèrent, non plus seulement le vote des quatre articles proposés, mais la refonte totale de la loi sur les marques. Cette visée ambitieuse fut fatale au projet. La commission qui l'étudiait se mit à l'œuvre, et un rapport fut déposé au Sénat, le 4 novembre 1886. Depuis, le travail de la commission a été revu et considérablement étendu. Un rapport complémentaire, du 16 décembre 1887, a développé longuement les innovations que la commission prétend introduire dans la législation des marques. Nous nous abstiendrons de discuter l'opportunité et la valeur réelle de ces prétendues améliorations, qui souvent sont simplement des changements inutiles. Nous aurions désiré voir les Chambres statuer séparément sur ce grand projet, dont l'élaboration se poursuit avec une sage lenteur, auquel chaque nouveau ministre veut apporter sa part d'amendement, et sur la proposition plus simple de M. Bozerian. Actuellement, si nous ne nous trompons, le projet doit avoir été retiré du bureau du Sénat, pour être soumis à une nouvelle enquête, dont les résultats n'ont pas encore été livres à la publicité.

DEUXIÈME PARTIE

PROTECTION RÉSULTANT DES TRAITÉS INTERNATIONAUX

L'examen que nous avons fait des législations étrangères nous conduit à cette conclusion, que les lois intérieures sont impuissantes à établir une protection efficace de la propriété industrielle dans les rapports internationaux. Depuis longtemps, les différents gouvernements se sont trouvés en face de ce problème, et ils ont cherché à le résoudre au mieux de leurs intérêts. Une foule de conventions ont été conclues pour la protection réciproque des nationaux de deux pays contractants, en matière de marques de fabrique ; plus récemment, les dessins et modèles ont été visés dans les accords internationaux.

Enfin, en 1883, un pas de plus a été franchi, celui qui nous rapproche d'une entente universelle, pour la protection de la propriété internationale ; nous voulons parler de la Convention du 20 mars 1883.

CHAPITRE PREMIER

CONVENTIONS DIPLOMATIQUES PARTICULIÈRES

Il n'y a pas de conventions diplomatiques particulières, conclues entre la France et un état étranger, pour la protection réciproque des inventions brevetables. La Convention d'Union est la première qui ait déterminé les droits de nos nationaux à l'étranger en cette matière, et ait cherché à adoucir pour eux les rigueurs des principes concernant la nouveauté. En 1878 (16 décembre), l'Autriche et l'Allemagne ont signé un traité pour la protection des brevets, qui est le premier du genre. Nous reviendrons sur les principes qui ont été admis dans cet acte diplomatique, à propos de la Convention d'Union elle-même.

Les autres traités qui lient la France à un pays étranger concernent tous la protection des marques de fabrique et de commerce, et des dessins et modèles.

En général, les marques et les dessins et modèles sont visés dans un même article des traités, et le but de la convention est de proclamer l'assimilation aux nationaux des ressortissants du pays co-contractant. Néanmoins, dans certains cas exceptionnels, on s'est écarté du principe pur et simple d'assimilation. Cela a été nécessaire, quand on a conclu une convention avec un État qui, lui-même, n'avait pas organisé pour ses nationaux une protection efficace de la propriété industrielle.

On peut citer deux exemples de traités de ce genre : la Convention du 30 juin 1864 avec la Suisse (les dessins et modèles y étaient visés en même temps que les marques), et le traité du 16 avril 1869 avec les États-Unis sur les marques. On était forcé d'avoir recours à des stipulations précises sur la protection de nos marques et de nos dessins en Suisse, et de nos marques en Amérique. En effet, la Suisse n'avait pas de loi sur les dessins et modèles ; elle ne protège les marques de ses nationaux que depuis 1879. Aux États-Unis, aucune loi fédérale n'avait encore, à l'époque du traité, organisé l'enregistrement des marques.

Malheureusement, la forme dans laquelle sont conclues les conventions laisse beaucoup à désirer ; la plupart font corps avec les traités de commerce, et participent du caractère temporaire de ces traités. Cette façon de procéder laisse toujours planer une incertitude du lendemain, préjudiciable au respect des règles de protection internationale. Le Congrès du Trocadéro, en 1878, s'est prononcé contre ce

système, et il a émis le vœu qu'à l'avenir, les traités
sur la propriété industrielle fussent distincts des
traités de commerce. On a cherché depuis à réaliser
ce vœu. Des traités indépendants des traités de commerce ont été conclus avec le Vénézuéla, 3 mai 1879;
avec le Luxembourg, 27 mars 1880; avec le Danemark, 7 avril 1880; avec la Suisse, 23 février 1882;
avec la Belgique, 31 octobre 1881. (Nous ne parlons
pas de la Convention de 1883, qui sera étudiée plus
loin.)

Une autre critique doit être faite à la façon dont
les traités sont rédigés. Sauf trois exceptions (en
comptant la convention de 1883), les noms commerciaux sont toujours oubliés dans la rédaction des
conventions. La jurisprudence française a voulu
combler cette lacune, nous verrons s'il faut approuver ses décisions.

§ 1er

Durée des conventions.

La plupart des conventions, nous l'avons vu, forment un ou plusieurs articles des traités de commerce. Celles qui ne font pas partie d'un traité de
commerce sont conclues pour un temps déterminé,
correspondant à celui pour lequel le traité de commerce, à l'occasion duquel elles ont été signées, a
été conclu lui-même. Une disposition spéciale décide alors qu'elles resteront en vigueur d'année en

année, comme par tacite [reconduction, jusqu'à l'expiration d'un an après la dénonciation. La dénonciation du traité n'entraîne pas, dans ce cas, la dénonciation de la convention.(Art. 16, traité francobelge ; art. 25, traité franco-suisse.)

A quel moment peut-on dire que la convention entre en vigueur ? La solution naturelle paraît être celle-ci : c'est la promulgation qui est l'acte de naissance de la convention. M. Pouillet (*Marques de fabrique*, n° 333) pense que, dès la signature du traité, le dépôt d'une marque est possible et peut dès lors justifier les poursuites pour actes de contrefaçon commis après la promulgation qui se fera ensuite. Nous ne croyons pas que cette solution soit exacte. Pour nous, tant que la promulgation n'a pas eu lieu, le traité n'est pas réputé connu ; le droit qu'il doit faire naître n'existe pas officiellement. Comment l'enregistrement conserverait-il un droit inexistant ? (Trib. correct. de la Seine, 13 août 1875 ; Pataille, 1875, p. 337.)

Dans certains cas, la protection prendra fin avant le terme fixé par le traité. Cela se produira quand la convention aura été conclue sur la base de l'assimilation aux nationaux, si la loi nationale est abrogée dans un des pays co-signataires. Alors, en effet, la réciprocité cessant, les conditions fixées pour les marques par la loi de 1857 ne se trouvent plus remplies.

Ce résultat ne se produirait plus, et la protection

continuerait, si la convention, au lieu de proclamer seulement l'assimilation aux nationaux, avait stipulé des garanties particulières. La question s'est posée lors de la déclaration d'inconstitutionnalité de la loi des États-Unis.

Le traité franco-américain de 1869 avait assuré aux Français propriétaires de marque s l'exercice d'une action en dommages-intérêts contre les usurpateurs américains. La loi fédérale étant abrogée, les Français perdaient le droit de faire enregistrer leurs marques aux États-Unis, mais ils conservaient certainement l'exercice d'une action en dommages-intérêts. Les États-Unis n'étaient pas déliés de leur engagement, par le seul fait de la déclaration d'inconstitutionnalité.

Il y avait dans l'espèce une autre raison pour faire survivre la protection des marques françaises à la loi fédérale. C'est que le traité qui assurait cette protection avait été conclu (1869) avant la promulgation de cette loi (1870). L'annulation de la loi laissait donc les choses dans le même état que lors du traité.

Une question analogue s'est présentée à propos du traité franco-suisse de 1864. Ce traité, conclu avant qu'il existât une loi des marques en Suisse, permettait néanmoins aux Français d'opérer le dépôt à Berne, en acquittant un droit de cinq francs. La loi fédérale du 19 janvier 1879 fut promulguée. Elle exigeait, pour les déposants nationaux, qu'ils fournissent un cliché de leur marque, et acquittassent un droit de 20 francs. Les Français continuèrent néanmoins à faire enregistrer leurs marques aux anciennes conditions. Survint, en 1882 (23 février), un traité qui assimulait les Français aux Suisses : les marques déposées par nos nationaux avant le traité continuaient-elles à être protégées, ou bien devaient-elles être soumises à un nouvel enregistrement, avec les formalités de la loi fédérale ?

Le Tribunal fédéral, dans un arrêt du 9 octobre 1885 (*la Propriété industrielle*, 1er mars 1887), décida que la convention de 1882 avait pour effet de faire dépendre d'une façon absolue la protection des marques françaises de l'accomplissement des formalités prescrites par la loi fédérale. « Quand, dans une convention internationale, dit cet arrêt, la protection d'un droit est soumise pour l'avenir à des conditions nouvelles, et notamment à des conditions plus onéreuses que les précédentes, il convient d'admettre, en cas de doute, et dans l'absence d'une volonté contraire de la part des États contractants, que les nouvelles conditions attachées à la protection internationale doivent être observées d'une manière absolue. »

Cette théorie était certainement erronée ; on doit, au contraire, supposer, en l'absence d'un texte spécial, qu'une nouvelle loi ne porte pas atteinte aux droits acquis sous l'empire de l'ancienne.

Un assez grand nombre de marques françaises se

trouvaient dans le cas prévu par l'arrêt. Le gouvernement français s'émut du sort qui leur était réservé
par la jurisprudence suisse, et, le **27 janvier 1887**,
un traité intervint, qui contient la déclaration suivante: « Il est entendu que les marques déposées dans
l'un et l'autre pays, en vertu de la convention du
30 juin 1864, jouiront, jusqu'à l'expiration du terme
de quinze années à partir du dépôt effectué, de la protection que la législation du pays respectif accorde
ou accordera par la suite aux marques indigènes,
sans qu'il y ait obligation de faire un nouveau dépôt. »

§ 2

A quelles personnes s'appliquent les conventions?

Si l'on s'en tient aux termes des traités, la réponse est facile. La plupart d'entre eux disent, en
général, que les nationaux de chaque État contractant jouiront dans l'autre État des droits que celui-ci
reconnaît à ses propres sujets.

Exemples : traités avec l'Angleterre (1882), art. 10;
avec l'Espagne (1882), art. 8; avec le Portugal (1881),
art. 7 ; avec la Suède et la Norwège (1881), art. 13 ;
avec l'Autriche (1884), art. 2 ; avec la Belgique,
art. 14 ; avec le Vénézuéla (1879), art. 1er ; avec le
Luxembourg (1880), art. 1er.

Il semble donc bien, d'après ces textes, que les
nationaux de chaque pays contractant peuvent invoquer le traité, quel que soit le lieu de leur établis-

sement. C'est en effet la solution qu'il faut donner pour la France, en ce qui concerne les dessins et modèles. En cette matière, en effet, nous avons vu que notre législation n'a pas admis le principe de territorialité.

Mais il n'en est pas de même pour les marques. Presque toutes les lois sur ce sujet ont admis le principe d'assimilation aux nationaux des étrangers établis sur le territoire régi par la loi, et, comme corollaire, l'assimilation aux étrangers des nationaux qui exploitent hors de ce territoire. Cela posé, en dépit des termes généraux employés dans les traités, peut-on admettre que le but des négociateurs d'une convention franco-belge, par exemple, ait été de contraindre la Belgique à protéger les marques des Français, sans distinction de lieu d'établissement, même de ceux qui, eu égard au pays étranger où sont situées leurs fabriques, ne sont pas protégés en France? Non, assurément; ce serait demander aux étrangers de faire pour nos nationaux plus que nous ne faisons nous-mêmes. Il faut dire qu'au point de vue des marques, les Français établis à l'étranger sont considérés comme ayant la nationalité du pays de leur établissement. Lors donc que nous interprétons les traités, nous devons toujours sous-entendre après le mot Français : *protégés par la loi française.*

Ce raisonnement s'appliquera à tous les pays qui ont admis le principe de notre loi de 1857. Dans ceux, au contraire, qui, comme l'Angleterre, l'Italie et le Portugal, protègent les marques nationales sans condition d'établissement dans le pays, les traités devront être entendus et appliqués à la lettre. Ainsi un Anglais établi dans un pays de non-réciprocité avec la France ne sera pas protégé en France en vertu d'un traité anglo-français, tandis que le même traité assurera la protection en Angleterre aux Français établis dans un pays qui ne protège pas les marques anglaise Ce résultat paraîtrait choquant, s'il ne découlait pas plutôt de la législation intérieure anglaise, indifférente à la question de nationalité, que d'un engagement synallagmatique international.

Ainsi, tous ceux qui paraissent pourtant visés dans les traités, sous la dénomination de *nationaux* des États contractants, ne sont donc pas protégés par ces mêmes traités. Cette restriction nous paraît impérieusement commandée par les termes de notre loi de 1857. Par contre, nous pensons que certains propriétaires de marques, dont il n'est pas fait mention dans les conventions, peuvent bénéficier d'un traité par le seul jeu du principe de territorialité. Nous voulons parler des étrangers aux deux pays contractants, établis dans un de ces pays. Cela résulte en effet de l'application pure et simple de notre article 6 (loi de 1857). Cet article ne dit-il pas en effet que : « Les étrangers et les Français dont les établissements sont situés hors de France jouissent également du bénéfice de la présente loi, pour les produits de ces établissements, si, dans les pays où ils sont situés, des conventions diplomatiques ont établi la réciprocité pour les marques françaises. »

Ainsi, ce qui fait naître pour l'étranger le droit à la protection en France, c'est un traité conclu non avec son pays d'origine, mais avec son pays d'exploitation.

En rapprochant nos deux solutions, nous arrivons aux résultats suivants : deux traités ayant été conclus par la France avec l'Allemagne et la Suisse, par exemple, les Suisses établis en Allemagne pourront invoquer chez nous le traité franco-allemand, les Allemands établis en Suisse se réclameront du traité franco-suisse.

On s'est demandé dans quelle mesure les traités sur les marques pouvaient s'appliquer aux colonies des États contractants. Un arrêt de la Cour de Paris, du 4 juillet 1879 (Pataille 1880, page 247), semble admettre qu'une clause formelle est nécessaire pour permettre cette extension d'application. Nous croyons qu'il faut chercher dans un autre principe la solution de la question. Nous donnerons le bénéfice du traité à tous les habitants des colonies auxquelles la loi nationale des marques de la métropole s'applique. Ainsi, la loi de 1857 s'appliquant à l'Algérie, nous étendrons le bienfait d'un traité aux étrangers du pays contractant établis en Algérie, et nous réclamerons pour les Algériens la protection dans ce même pays.

.

§ 3

Les traités sur les marques s'appliquent-ils aux noms commerciaux ?

En mettant à part la convention de 1883, deux traités seulement se rencontrent pour parler de la protection des noms commerciaux. Ce sont : 1° le traité avec la Suisse, du 23 février 1882, et 2° le traité avec l'Angleterre, du 28 février 1882.

Dans le silence des textes, nos tribunaux ont cru pouvoir, par extension, appliquer aux noms commerciaux les conventions faites pour protéger les marques des étrangers. (Paris, 10 juillet 1868, Pataille, 1870, p. 179; — Paris, 8 novembre 1875, et 26 mai 1876, Pataille, 1876, pp. 72, 170 et 306.)

Sans doute, le résultat de cette doctrine n'a rien qui puisse nous effrayer, puisqu'elle aboutit à protéger les étrangers, que nous voudrions voir bénéficier de nos lois, sans aucune condition de réciprocité. Mais, partant du principe de la loi de 1857 et de celle de 1873, les Cours et Tribunaux auraient dû appliquer plus strictement les dispositions restrictives des droits de l'étranger. Le droit sur la marque et le droit sur le nom sont deux droits bien différents, que la loi française a bien distingués, puisqu'elle les a réglementés dans deux monuments législatifs indépendants l'un de l'autre, la loi de 1824 et la loi de 1857. Les principes admis par ces deux lois en matière de rapports internationaux

sont en désaccord absolu; d'après la loi de 1824,
complétée par le Code civil, c'est la nationalité des
parties qui crée le droit ou en prive; d'après la loi
de 1857, c'est le lieu de l'établissement qui sert de
critérium de protection. L'assimilation des noms
aux marques est donc bien hasardée, et nous approuvons les négociateurs des conventions les plus
récentes d'avoir voulu lever tous les doutes à ce sujet, en inscrivant le nom commercial dans les traités.

La jurisprudence belge n'a pas admis le principe
suivi [par nos tribunaux, d'après lequel les traités
sur les marques stipulent par analogie pour les
noms. Il n'en résulte pourtant pas que les noms des
Français ne sont pas protégés en Belgique. En effet,
la jurisprudence belge a toujours appliqué au pro
fit des étrangers l'article 191 du Code pénal, qui
punit l'usurpation des noms, et ce, sans condition
de réciprocité.

§ 4

Conditions requises pour la protection.

En matière de dessins et modèles, nous n'avons
rien à ajouter à ce que nous avons dit dans notre
première partie : le droit exclusif n'est accordé en
France qu'aux modèles et dessins nouveaux, qu'ils
soient revendiqués par des Français ou par des
étrangers.

Pour les marques de fabrique et de commerce,

plusieurs questions se posent, quand il s'agit de
droits exclusifs à accorder aux étrangers qui invo-
quent la réciprocité conventionnelle ou législative.
La réciprocité a pour effet de mettre l'étranger sur
le même pied que les Français. Il ne peut donc faire
enregistrer en France une marque déjà déposée ou
tombée dans le domaine public de notre pays.

A. *Caractère distinctif.* — Que faut-il décider,
si le signe présenté au dépôt en France est
tombé dans le domaine public dans le pays du
déposant? Nous supposons que ce signe était,
d'après la loi nationale de notre étranger, susceptible d'être enregistré valablement. Pour nous,
aucun doute ne peut s'élever sur la solution de cette
question. Le signe dont il s'agit, étant employé couramment dans le pays étranger, a perdu son caractère distinctif; il est devenu une chose commune,
personne ne peut en revendiquer la propriété exclusive, pas plus en France que dans le pays d'origine.
Comme le dit M. Pouillet (*Marques de fabrique*,
n° 333 *bis*), l'effet des traités est « de supprimer les
barrières entre les États contractants » ; le domaine
public de l'un se confond donc avec le domaine public de l'autre.

D'ailleurs, la plupart des traités stipulent formellement qu'une marque tombée dans le domaine public dans le pays d'origine ne pourra être déposée
valablement dans l'autre pays contractant. (Traité
franco-belge du 31 octobre 1881, art. 4; traité

franco-espagnol du 6 février 1882, art. 7; traité
franco-suédois du 30 décembre 1881, art 1er.)

Une marque était employée exclusivement par un
industriel étranger dans son pays, avant le traité qui
lie la France à ce pays. A la faveur de l'impunité
assurée par la jurisprudence française, cette marque
a été usurpée chez nous. Le traité une fois conclu,
l'étranger en question pourra-t-il déposer valablement sa marque en France, et poursuivre les contrefaçons qui se produiraient ultérieurement?

Nous avons dit, dans notre première partie, qu'une
marque étrangère, même en l'absence de réciprocité, pouvait être défendue en France contre les
usurpateurs, au moyen de l'art. 1382 du Code civil.
Si on admettait notre système, il serait facile de
répondre à la question que nous venons de poser.
Le propriétaire étranger de la marque dont il s'agit
aurait perdu tout recours contre les contrefacteurs,
s'il n'avait pas intenté contre eux l'action en concurrence déloyale. Sa négligence serait interprétée
comme un abandon de propriété; la survenance postérieure du traité ne saurait avoir pour effet de le
réintégrer dans un droit qu'il est présumé avoir
livré au domaine public.

Mais, nous l'avons vu, la jurisprudence n'admet
pas ce système. Pour elle, avant le traité, l'étranger
est complètement désarmé contre les usurpations
de son droit commises en France. Cela n'empêche
pas nos tribunaux de décider qu'après le traité con-

clu, la marque de l'étranger, contrefaite impunément pendant la période de non-protection, reste définitivement dans le domaine public français, et saurait y être reprise, pour faire l'objet d'un dépôt valable, au profit de l'étranger victime de l'usurpation.

Nous ne pouvons admettre cette solution. Le domaine public, à notre avis, ne peut s'enrichir en matière de marques, que par l'abandon tacite que le propriétaire lui fait de ses droits. Quand la législation condamne ce propriétaire à l'inaction, on ne peut interpréter cette inaction comme une renonciation : *Contrà non volentem agere, non currit præscriptio.* « Votre jurisprudence a bien pu consacrer l'impunité, mais non la propriété de ceux qui usurpaient les marques étrangères. » (M. Bédarride devant la Cour de cassation.)

L'effet du traité est le même que celui de la promulgation d'une loi pénale créant un délit nouveau. Les actes antérieurs restent impunis, mais les infractions commises depuis la promulgation seront poursuivies (1).

---

(1) Dans ce sens : Tribun. correct. Seine, 26 janvier 1864, Pataille, 1864, p. 212. — *Contrà :* Système de la jurisprudence que nous combattons. — Paris, 1863, Cass. rej., 30 avril 1864, Pataille, 1864, p. 197; — Paris, 29 avril 1864 et Cass. rejet, 4 février 1865, Pataille, 1865, p. 81; — Paris, 20 décembre 1878, Pataille, 78, p. 337; — Cass., 13 janvier 1880, Dalloz, 80, 1, 225; — Cass., 30 juillet 1884, Dalloz, 85, 1, 418; — Paris, 27 janvier 1886, *Journ. de Droit intern. privé,* 1836, p. 449.

La plupart des auteurs ont admis l'opinion que nous défendons :

La théorie de la jurisprudence aboutirait logiquement à permettre de poursuivre en France l'étranger créateur d'une marque, qui voudrait introduire chez nous ses produits, au mépris d'un prétendu droit que l'enregistrement aurait assuré à un usurpateur français. C'est pour éviter l'application de ce système rigoureux et souverainement injuste à leurs nationaux, que les négociateurs allemands d'un traité conclu le 2 août 1862, entre la France et les États du Zollverein, ont fait insérer l'article suivant : Art. 28, § 2 : « Il n'y aura lieu à aucune poursuite, à raison de l'emploi, dans l'un des deux pays, des marques de fabrique de l'autre, lorsque la création de ces marques dans le pays de provenance des produits remontera à une époque antérieure à l'appropriation de ces marques par dépôt ou autrement dans le pays d'importation. »

Des difficultés se sont élevées sur le sens de cet article, dont la clarté laisse assurément beaucoup à désirer. M. Forcade de la Roquette, répondant à une question de M. Pouyer-Quertier, a donné une explication satisfaisante du but poursuivi par les négociateurs prussiens qui avaient demandé cette rédaction. « Ils alléguaient, dit M. Forcade de la Roquette, qu'un certain nombre de manufacturiers français avaient imité les marques allemandes. Ils craignaient

Pouillet, n° 336 ; Sirey, 1880, 2, 113 ; A. Rendu, *Codes de la propriété industrielle, marques de fabrique*, n° 282 ; Bédarride ; Pataille, 1864, p. 208 ; Calmels, n° 238 ; Ruben de Couder, n° 120.

que ces imitateurs français n'eussent fait en France
le dépôt de ces marques allemandes pour se les
approprier, et s'en assurer la jouissance exclusive
vis-à-vis des autres Français. Ils se demandaient si
l'imitateur français, se prévalant du fait du dépôt
en France de la marque usurpée, n'élèverait pas la
prétention d'interdire le territoire français au produit du fabricant allemand, propriétaire originaire
de la marque (1). »

Le paragraphe en question exige seulement que
la marque ait *été créée* dans le pays d'origine,
avant l'appropriation dans le pays d'importation.
Pourtant, la Cour de Paris, le 12 juillet 1878 (Pataille, 79, p. 18), exige que les Allemands, pour pouvoir invoquer le bénéfice de cette disposition, prou-
vent qu'à l'époque du premier emploi en France, ils
avaient la possession légitime en Allemagne. C'est
ajouter au texte, et demander une justification impossible à l'époque du traité, puisque l'enregistrement n'a été organisé en Allemagne que par la loi de
1874.

B. *Aspect du signe.* — Nous avons vu, dans notre
premier chapitre, que beaucoup de législations pro-
hibaient l'emploi, comme marques, de certains signes
admis à l'enregistrement dans d'autres pays.

Cette diversité de législation obligerait un indus-

(1) *Voir* un article de M. J. Brégeault, *Journal de Droit international privé*, 1879, p. 358.
Sic, Cass., 3 août 1880, Sirey, 82, 1, 453.

triel désireux de voir ses droits respectés dans tous
les pays, à choisir un emblème répondant aux exigences de toutes les lois à la fois. Mais cela est
assez difficile. Au moment où un fabricant adopte
une marque, il ignore dans quel pays les produits
marqués trouveront un accueil favorable auprès du
consommateur; souvent il ne se décide à exporter
qu'après avoir acquis une réputation nationale. Si
donc le signe par lui primitivement choisi ne répond
pas aux exigences du pays où il envoie ses produits,
il est forcé de renoncer à s'y assurer un droit exclusif, à moins de se résoudre à adopter une marque
spéciale pour ce pays. Mais cette marque nouvelle
n'aura pas la notoriété de l'ancienne, et il s'ensuivra
pour le fabricant une déperdition de clientèle.

Pour éviter ces inconvénients, diverses conventions ont stipulé que la marque valablement enregistrée dans un des pays contractants serait admise
telle qu'elle au dépôt dans l'autre. La première disposition de ce genre a été insérée dans une convention entre la Belgique et l'Italie, du 28 mai 1872.

Ce principe a été consacré, le 7 février 1874, dans
une convention additionnelle au traité franco-belge
du 1er mars 1861 : « Les marques de fabrique auxquelles s'appliquent les articles 15 et 16 de la convention précitée du 1er mai 1861 sont celles qui, dans
les deux pays, sont légitimement acquises aux industriels ou négociants qui en usent, c'est-à-dire que le
caractère d'une marque de fabrique française doit

13

être apprécié d'après la loi française, de même que celui d'une marque belge doit être jugé d'après la loi belge. » (Article unique.)

Depuis, cette clause a été admise dans presque toutes les conventions ; elle est devenue pour ainsi dire de style. (Traité franco-belge du 31 octobre 1881, art. 15 ; traité franco-italien de 1877 ; traité avec l'Espagne du 6 février 1882, art. 8, § 2; traité avec la Suède du 30 décembre 1881, art. 14 ; traité avec la Suisse du 22 février 1882, art. 2.)

Même en l'absence de texte diplomatique, la jurisprudence allemande a admis cette théorie. (C. de Leipsig, Pataille, 1870, p. 216.)

La grande libéralité de notre loi en matière de signes admis à l'enregistrement aurait pour résultat, en l'absence d'une clause du genre de celle que nous venons d'examiner, de permettre aux étrangers assimilés aux Français, en vertu d'un traité, de déposer et de faire respecter en France certains emblèmes que la loi de leur pays, plus stricte, ne leur permettrait pas de revendiquer. Ainsi, la législation anglaise ne permet pas de déposer un signe composé uniquement d'un mot. Pourtant, un Anglais, invoquant le traité qui lui confère les mêmes droits que la loi de 1857 donne aux Français, pourrait déposer comme marque, au greffe du tribunal de commerce de la Seine, un mot qui serait par exemple la dénomination d'un produit.

Remarquons qu'ici, il faut supposer qu'en *fait*,

le mot déposé comme marque n'est pas employé communément en Angleterre ; autrement, il aurait perdu le caractère distinctif qu'exige l'article 1er de notre loi de 1857, il ne pourrait plus *servir à distinguer* les produits du déposant. C'est ce qu'ont décidé la Cour de cassation, le 21 mai 1874 (Pataille, 1874, p. 153), et la Cour de Paris, le 19 août 1881 (Pataille, 1881, p. 289).

« Attendu, dit la Cour de cassation, que le Français ne peut revendiquer la propriété exclusive de la marque qu'il a déposée, qu'autant qu'elle n'est pas tombée dans le domaine public en France ; qu'il ne peut pas davantage acquérir dans son pays cette propriété exclusive d'une marque tombée dans le domaine public en Angleterre, sous peine de méconnaître les règles de la réciprocité et de faire une concurrence déloyale au commerçant anglais qui importerait en France un produit de même nature ; que, dès lors, un Anglais ne peut pas, en faisant en France le dépôt prescrit par la loi, y acquérir la propriété exclusive d'une marque tombée dans le domaine public en son propre pays, puisqu'il ne jouit en France que de la même protection accordée aux nationaux, et qu'il ne peut y avoir de droits plus étendus. » C'est la conséquence même du principe d'assimilation des étrangers aux nationaux.

L'arrêt de la Cour de Paris est formulé dans des termes non moins précis, et qui paraissent couvrir une doctrine nouvelle, qui tend à se faire jour : At-

tendu, dit-il, que le dépôt opéré en vertu de l'art. 6
de la loi de 1857 « ne peut conserver qu'une marque étrangère opposable, dans le pays d'origine des
produits, à ceux auxquels on entend l'opposer en
France ».

Il semble, d'après cet arrêt, que, pour faire valablement enregistrer sa marque en France, l'étranger
doit, au préalable, s'être assuré par un dépôt la
protection de sa loi nationale.

Il nous semble que c'est forcer le sens des termes de l'article 6. Quand cet article parle des
marques en usage dans les établissements situés en
France, il ne veut pas parler exclusivement des
marques déposées à l'étranger.

Un jugement du Tribunal de la Seine, du 30 avril
1888 (*Le Droit industriel*, 1888, p. 574), a accentué
encore le sens de l'opinion de la Cour de Paris.
Voici un des motifs de la décision : « Attendu que
cet article (art. 6) établit formellement que l'é-
tranger aussi bien que le Français, n'ayant d'établissement qu'à l'étranger, pour jouir du bénéfice de la
loi, doit posséder une marque *valable dans le pays
où il est établi, et que c'est seulement cette marque
étrangère*, qui doit faire en France l'objet du dépôt
destiné à lui assurer la protection. »

Le jugement trouve un nouvel argument pour
cette thèse, dans l'article 6 de la convention de 1883.
Nous étudierons plus tard cet article ; il faut avouer
qu'il semble bien supposer le dépôt préalable de la

marque à l'étranger, et nous pensons que la doctrine
de la jurisprudence recevrait une application justifiée, au moins au cas où le pays étranger en cause
ferait partie de l'Union internationale pour la protection de la propriété industrielle.

Pour éviter toutes ces difficultés, certaines législations exigent que l'étranger, *avant d'opérer le dépôt*, prouve que sa marque est protégée dans le
pays d'origine. La loi allemande dit, dans son article 20, § 2 : « L'inscription devra être accompagnée
de la preuve que, dans l'État étranger, le requérant
a rempli les conditions tendant à lui assurer la protection de sa marque de fabrique. »

§ 5

Dépôt.

Aux termes de l'article 7 du décret réglementaire
du 26 juillet 1858, le greffier du Tribunal de commerce doit enregistrer les marques des étrangers
sur un registre spécial, et mentionner dans le procès-
verbal de dépôt « le pays où est situé l'établissement
industriel, commercial ou agricole du propriétaire
de la marque, ainsi que la convention diplomatique
par laquelle la réciprocité a été établie ».

CHAPITRE II

CONVENTION DU 20 MARS 1883. — UNION INTERNA-
TIONALE POUR LA PROTECTION DE LA PROPRIÉTÉ
INDUSTRIELLE

L'idée première d'une entente internationale pour
la protection de la propriété industrielle remonte
au Congrès réuni en 1873 à Vienne, pendant l'Exposition. Cette idée fit de rapides progrès; en 1878, elle
fut reprise dans un nouveau congrès, tenu au Trocadéro pendant l'Exposition. On essaya alors de for-
muler quelques principes destinés à être insérés
dans une convention d'union. Une commission permanente fut nommée, qui travailla sans relâche à
l'œuvre entreprise; enfin, en 1880, le gouvernement
français prit l'initiative de convoquer à Paris une
conférence où la plupart des États civilisés envoyè-
rent des représentants; un texte fut proposé par la
commission française, discuté et admis par la majorité des délégués des gouvernements. En 1883, le
texte élaboré trois ans auparavant fut définitivement
signé, et en 1884, le 7 juillet, un mois après l'échange

des ratifications, la Convention promulguée en France y acquit force de loi (1).

L'œuvre des négociateurs de 1880-83 se compose de deux parties : 1° la Convention proprement dite ; 2° le Protocole de clôture.

Le Protocole a pour but d'interpréter quelques articles du traité, et de régler certaines questions administratives concernant le fonctionnement de l'Union.

La Convention s'applique non seulement aux marques et aux dessins et modèles de fabrique, comme les traités conclus auparavant par la France avec les diverses nations étrangères, mais encore aux brevets d'invention et aux noms commerciaux qui, comme nous l'avons dit, avaient été presque toujours omis dans les conventions antérieures.

Elle a une existence propre, indépendante des traités de commerce, ce qui constitue un nouvel avantage.

Si l'on veut caractériser l'œuvre des négociateurs de 1883, il faut dire qu'ils ont cherché à créer certaines règles uniformes pour tous les États contractants, en respectant autant que possible les législations particulières de ces États.

L'Union pour la protection de la propriété indus-

(1) États signataires en 1883 : Belgique, Brésil, Espagne, France Guatémala, Italie, Pays-Bas, Portugal, Salvador, Serbie, Suisse. — Depuis ont accédé à l'Union : Tunisie, Saint-Domingue, Grande-Bretagne, Suède et Norwège, États-Unis ; la République de l'Équateur, d'abord adhérente, a dénoncé la convention le 26 décembre 1885.

trielle, n'est pas la seule fédération constituée dans le but de protéger les droits des citoyens signataires, dans les rapports internationaux. Elle avait été précédée par l'Union des postes et télégraphes; elle a été suivie, le 7 septembre 1886, de l'Union pour la protection des œuvres littéraires et artistiques.

Ces conventions répondent aux aspirations universelles, qui poussent les peuples vers l'unification de leurs lois, rendue nécessaire par les rapports internationaux étroits, que la facilité des communications a entretenus depuis un demi-siècle.

L'œuvre de 1883 a été vivement attaquée depuis trois ou quatre ans. En passant en revue les principales dispositions de la Convention, nous tâcherons de répondre aux critiques qu'on lui a adressées. La plupart d'entre elles sont nées d'un examen superficiel des textes; il suffira souvent, pour y répondre, de bien nous pénétrer de l'esprit qui animait les négociateurs.

Les Chambres de commerce françaises se sont distinguées au premier rang des adversaires de la Convention; leurs critiques ont quelquefois été formulées avec une aigreur exagérée (1).

_____

(1) Rapport de M. Jules Piault à la Chambre de commerce de Paris, 8 juillet 1885. Le Journal des procès en contrefaçon a mené contre le traité une campagne acharnée. — L'œuvre de 1883 a été brillamment défendue par M. Bozerian, un des principaux auteurs du traité, par M. Coubin, _la Loi_ des 13, 14, 15 et 16 décembre 1885 ; par MM. Albert Cahen et Lyon-Caen ; par M. Pouillet, _la Loi_ du 24 août 1885.

Nous croyons pouvoir passer sous silence les dispositions du protocole qui ont trait à l'administration
de l'Union. Elles n'offrent qu'un intérêt médiocre,
comparé à celui que présente la partie vraiment juridique du traité, qui fixe les règles de la protection
internationale.

Nous étudierons d'abord les dispositions qui régissent aussi bien la matière des brevets que celle des
marques et des dessins, puis nous examinerons les
règles spéciales à chaque branche de la propriété
industrielle.

SECTION 1re
DISPOSITIONS GÉNÉRALES

L'article premier proclame la constitution de l'U-
nion entre les parties contractantes. L'article 2 est
ainsi conçu : « Les sujets ou citoyens de chacun des
États contractants jouiront, dans tous les autres États
de l'Union, en ce qui concerne les brevets d'invention,
les dessins ou modèles industriels, les marques de
fabrique ou de commerce et le nom commercial,
des avantages que les lois respectives accordent actuellement ou accorderont par la suite aux nationaux. En conséquence, ils auront la même protection
et le même recours légal contre toute atteinte portée
à leurs droits, sous réserve de l'accomplissement des
formalités et conditions imposées aux nationaux par
la législation intérieure de chaque État. »

Deux idées se dégagent de ce texte :

1° Assimilation aux nationaux de tous les membres de l'Union, dans chaque État contractant ;

2° Respect des législations intérieures.

1° Dans chaque État, assimilation aux nationaux de tous les membres de l'Union.

Nous connaissons ce principe : il forme depuis longtemps la base de toutes les conventions sur les marques, les dessins et les modèles.

Il a été bien entendu (protocole, art. 3) que l'assimilation ne portait que sur les conditions imposées pour acquérir un droit, et non sur les formalités de procédure. En conséquence, l'étranger demandeur devra toujours fournir la caution *judicatum solvi* prescrite par le Code civil. Néanmoins, des doutes, inexplicables à notre avis, étant donnés les termes de l'article du protocole que nous avons cité et les travaux préparatoires, se sont élevés sur la solution de cette question. La Cour de Liège (8 mars 1888), après le Tribunal civil de la même ville (26 mars 1887), et le Tribunal civil d'Oudenarde (8 avril 1887), ont déchargé de l'obligation de fournir caution l'étranger demandeur appartenant à un des pays de l'Union. En sens contraire, nous pouvons citer les décisions du Tribunal civil de la Seine (4 février 1888), du Tribunal civil de Bruxelles (2 mars 1887), de la Cour de Gand (27 juillet 1887), du Tribunal civil de Bruxelles (28 décembre 1887), et de la Cour de Bruxelles (28 juillet 1887). (*Le Droit industriel*, juin 1888, p. 297.)

L'article 2 subordonne l'obtention du traitement national à l'accomplissement des formalités et conditions requises pour les nationaux eux-mêmes dans chaque pays. Ainsi les membres de l'Union qui désireront jouir du bénéfice de notre loi de 1844 devront opérer leur dépôt en France et y exploiter comme les Français.

En matière de marques, nous savons ce qu'il faut entendre par les mots *formalités* ; il s'agit de l'enregistrement des emblèmes. Quant aux conditions, c'est à l'article 5 et à l'article 6 de la loi de 1857 qu'il faut nous référer. N'oublions pas que la Convention donne aux membres de l'Union les mêmes droits que notre loi de 1857 reconnaît aux Français, mais qu'elle ne saurait leur faire obtenir des avantages que nos nationaux ne peuvent revendiquer. Les art. 5 et 6 de la loi, l'art. 6 spécialement, devront donc être appliqués aux membres de l'Union, comme ils le seraient aux Français. Ainsi, aux termes de ces articles, pour qu'un Français puisse faire protéger sa marque en France, il faut qu'elle soit apposée sur des produits sortant d'un établissement situé dans notre pays ou dans un pays de réciprocité. L'assimilation des membres de l'Union aux Français a pour conséquence de leur accorder la même protection, dans les mêmes cas seulement. Ainsi, un Belge, membre de l'Union, ne pourra déposer valablement sa marque à Paris, si ses établissements sont situés dans un pays qui ne protège pas nos marques. En effet, c'est la solution que nous donnerions pour un Français dans la même hypothèse. Autre conséquence : le même Belge, établi dans un pays hors de l'Union, lié à la France par un traité de réciprocité, ne pourra pas invoquer chez nous la convention de 1883, mais seulement le traité conclu entre la France et le pays de son établissement. C'est l'application pure et simple du principe de territorialité, posé par notre loi de 1857 pour nos nationaux.

— 2° Respect des législations intérieures.

Les législations nationales restent en vigueur dans chaque pays signataire. C'est le trait caractéristique de l'organisation de l'Union, et ce qui distingue la Convention d'une codification internationale. Une codification, si elle se réalisait, aurait pour effet de mettre fin aux législations particulières, comme la promulgation du Code civil a mis fin aux coutumes dans notre pays. La Convention, au contraire, suppose l'existence des lois nationales ; elle ne saurait se suffire à elle-même. Elle n'est, en quelque sorte, qu'un résumé de principes, qui trouvent leurs développements nécessaires et souvent variables dans les lois spéciales de chaque pays de l'Union.

Ainsi, la Convention n'est pas forcément en harmonie parfaite avec les diverses législations intérieures. L'article 5, par exemple, est en contradiction formelle avec l'art. 32, § 3, de notre loi de 1844 sur les brevets. On a conservé les législations intérieures intactes, parce qu'il eût été impossible en fait de les remanier et de les unifier suivant un modèle idéal introuvable.

M. Bozerian, président de la conférence de 1880, l'a dit formellement : l'œuvre de 1880-83 « est la préface d'un livre qui va s'ouvrir, et qui ne sera peut-être fermé que dans de longues années ». Il était impossible d'écrire sur les premières pages de ce livre un Code universel de la propriété industrielle, qui n'en doit être que l'épilogue. Il a donc fallu se contenter d'une ambition plus modeste; les législations intérieures ont été respectées faute de mieux.

On a dit que la Convention, étant un traité et non une loi, n'avait pu modifier les lois intérieures que dans leurs applications aux étrangers, mais non en tant qu'elles régissent les nationaux de leur ressort. On a prétendu justifier cette opinion (voir la brochure de MM. Assi et Genès) en disant : 1° les délégués français à la conférence représentent les intérêts nationaux vis-à-vis de l'étranger, mais non vis-à-vis de la nation elle-même; 2° l'intervention du pouvoir législatif pour ratifier la Convention n'a pu avoir pour effet de la convertir en loi, parce que cette ratification n'a pas revêtu les formes d'une élaboration législative régulière (deux lectures ou une lecture précédée d'une déclaration d'urgence). Répondons immédiatement à la deuxième objection. Elle repose sur une erreur de fait. La rati-

fication de la Convention a, en effet, été précédée
dans chacune de nos Chambres d'une déclaration
d'urgence. (*Officiel*, 19 janvier 1881.)

Quant à la première objection, il n'est pas plus
malaisé d'y répondre. Les négociateurs des traités
ne sont que les mandataires *ad hoc* des législateurs
que la nation s'est choisis ; ils sont leurs porte-paro-
le, n'agissent qu'au nom de leurs mandants, qui se
réservent, lors de la ratification, de faire leurs les
résultats des négociations. Le traité est censé éma-
ner du pouvoir législatif, sans lequel, en fin de
compte, il ne peut avoir d'existence définitive.

Notre conclusion est donc que rien n'empêche le
législateur de modifier même une loi nationale,
dans le texte d'un traité qu'il ratifie.

On peut critiquer ce procédé, et trouver qu'il
aurait pour conséquence d'établir une grande confusion dans la législation du pays qui le pratique-
rait couramment ; mais il est impossible de prétendre sérieusement qu'il est en contradiction avec les
principes constitutionnels. Ajoutons que l'inconvénient dont nous parlons trouverait une compensa-
tion appréciable dans l'impulsion que la conclusion
des traités donne au travail législatif. Quand, à propos d'une négociation avec un pays étranger, une
imperfection de la loi nationale est signalée, pourquoi ne pas profiter de l'occasion pour faire disparaître les lacunes de cette loi ? Si l'on retarde la
réforme par un amour exagéré de la méthode, on

risque de voir remettre à un temps indéterminé, souvent très éloigné, la modification souhaitée.

Mais qu'on y prenne bien garde, quand une disposition insérée dans un traité s'applique aux nationaux, dans cette mesure, elle ne lie pas l'État signataire vis-à-vis de l'État étranger avec lequel le traité est conclu. Le traité ne saurait être l'occasion d'une sorte de restriction de la souveraineté d'un État sur ses propres sujets. Il y a parallèlement un engagement synallagmatique, en tant que les dispositions de la Convention sont une promesse faite au gouvernement étranger de traiter ses ressortissants d'une certaine manière déterminée, et un exercice libre de la souveraineté, en tant que les dispositions en question s'appliquent aux nationaux. Conséquence : les articles d'un traité qui sont applicables aux Français pourront toujours être modifiés par notre législateur, sans que l'État co-signataire ait à élever la moindre réclamation. Tout ce qu'il peut réclamer, c'est qu'on ne change pas, au mépris de la Convention, les règles de protection stipulée au profit de ses sujets. Dans cette mesure seulement, il y a engagement pris vis-à-vis de lui.

Article 3 : « Sont assimilés aux sujets ou citoyens des États contractants les sujets ou citoyens des États ne faisant pas partie de l'Union, qui sont domiciliés ou ont des établissements industriels ou commerciaux sur le territoire de l'un des États de l'Union. »

Cet article a été le dernier voté de la Convention. On avait d'abord proposé d'accorder aux étrangers à l'Union les mêmes droits qu'aux nationaux des pays concordataires ; mais plusieurs délégués firent remarquer ce qu'il y aurait de dangereux à admettre ce principe. Il aurait eu pour effet d'empêcher les États non adhérents à la Convention d'y entrer plus tard, en supprimant pour eux tout avantage à l'accession à l'Union. D'autre part, il était illogique de faire bénéficier d'un traité ceux qui n'y avaient pas été parties.

Néanmoins, on rappela avec raison que la plupart des législations intérieures assimilaient aux nationaux les étrangers établis sur leur territoire, et on demanda que l'Union ne fût pas moins libérale qu'elles. C'est grâce à cet argument que, sur la proposition de M. Lagerheim, délégué de la Suède, l'article 3 fut voté.

Au point de vue des marques, il présente un intérêt tout particulier. Nous savons que l'article 6 de la loi de 1857 assimile aux nationaux d'un État signataire d'une convention les étrangers non originaires de ce pays qui y ont des établissements. L'article 3 de la Convention ne constitue donc pas une innovation en cette matière.

Mais cet article ne vise pas seulement les étrangers *établis*, il parle encore de ceux qui sont *domiciliés* dans un État concordataire. En résulte-t-il que des étrangers non protégés par la loi de 1857, art. 6, le

seront par la Convention? Nous ne le pensons pas.
Supposons un Allemand domicilié en Belgique. Aux
termes de l'art. 2 de la Convention, il y sera assimilé
à un Belge, et, d'après l'art. 3, il sera traité en
France comme on le traite en Belgique. Aux termes
de la loi belge, le national n'est protégé que s'il est
établi sur le territoire de sa patrie; la marque de
l'Allemand en question ne pourra, en l'absence de
traité, être enregistrée en Belgique; il ne sera donc
pas non plus protégé en France. Il y a dans l'art. 2
et dans l'art. 3 deux équations, pour ainsi dire,
dont le second terme est le même : le traitement
national. L'étranger ne peut être protégé dans
le cas où un Français ne le serait pas. Ainsi, en
matière de marques, l'art. 3 sera sans application
pour les sujets d'États hors l'Union, simplement domiciliés dans un pays qui admet le principe de notre
article 5 et de notre article 6.

Le mot « domiciliés » pourra seulement être invoqué par les étrangers à l'Union, dans un pays qui
n'admet pas le principe de la territorialité, et protège ses nationaux, quel que soit le lieu de leur établissement. (Ex. : la Hollande, le Portugal, la
Grande-Bretagne, l'Italie.) Cette solution est un
moyen terme entre la théorie qui aurait refusé le bénéfice de la convention à tous les étrangers à l'Union,
et celle qui aurait accordé ce bénéfice dans tout le
ressort de la Confédération, à ceux qui sont protégés dans un quelconque des États cosignataires.

Avec le premier système, un Allemand qui bénéficie de la loi anglaise, sans condition d'établissement, ni de domicile, n'aurait jamais été protégé en France suivant les règles posées par le traité d'Union ; avec le second, il l'aurait été dans tous les cas, et l'Allemagne aurait perdu tout intérêt à entrer dans l'Union. Le système intermédiaire de l'article 3 lui accordera les avantages de la convention, seulement lorsqu'il sera domicilié en Angleterre. On voit donc que l'art. 3 ne diffère plus sensiblement de l'art. 6 de notre loi de 1857 ; en effet, c'est assez rare qu'un étranger domicilié dans un pays n'y ait pas en même temps un établissement.

Notre interprétation nous paraît bien conforme aux intentions des négociateurs, et en particulier aux paroles prononcées par M. Demeur, qui a soutenu l'art. 3 devant la Conférence : « On devrait, a-t-il dit, considérer seulement si, d'après la législation du pays où se fait le dépôt, l'étranger a le droit de prendre un brevet, de déposer une marque, un dessin ou un modèle. Dans ce cas, et lorsque l'étranger ferait son dépôt dans l'un des États de l'Union, le droit de priorité lui serait accordé, alors même que l'État auquel il appartient ne serait pas entré dans l'Union. » (Procès-verbaux, p. 129). Et plus haut, nous trouvons les paroles suivantes du même orateur : « Quant aux marques, il y a une nuance. Dans toutes les législations, la protection n'est reconnue aux étrangers qu'autant qu'ils ont un établissement dans

le pays. Eh bien ! malgré ce principe (avant l'adoption de l'art. 3), l'Union n'accorderait rien à l'étranger établi sur son territoire et dont elle ne verrait
que la nationalité ! »

L'article 3 fut rédigé après ces observations, par
M. Lagerheim, délégué suédois, en restreignant le
principe posé par M. Demeur, aux étrangers établis
ou domiciliés dans l'Union.

C'est plutôt en ce qui concerne la condition d'établissement qu'en ce qui touche celle du domicile,
que l'article 3 pourrait prêter à des fraudes destinées
à procurer les avantages de la convention aux étrangers des pays non signataires. Mais on pourrait alors
adresser les mêmes critiques à notre loi de 1857.

En effet, il arrive souvent qu'un étranger installe
pour la forme un semblant d'établissement sur notre
territoire, pour bénéficier de notre loi. On a proposé, lors de la Conférence réunie à Rome, en 1886,
pour reviser la convention de 1883, d'exiger certaines garanties d'établissement sérieux. Nous verrons
quelles mesures ont été prises alors à ce sujet.

— Article 4. « Celui qui aura régulièrement
fait le dépôt d'une demande de brevet d'invention,
d'un dessin ou modèle industriel, d'une marque de
fabrique ou de commerce, dans l'un des États contractants, jouira, pour effectuer le dépôt dans les autres États et sous réserve des droits des tiers, d'un
droit de priorité pendant les délais mentionnés ci-
après.

« En conséquence, le dépôt ultérieurement opéré dans l'un des autres États de l'Union, avant l'expiration de ces délais, ne pourra être invalidé par des faits accomplis dans l'intervalle, soit notamment par un autre dépôt, par la publication de l'invention, ou son exploitation par un tiers, par la mise en vente d'exemplaires du dessin ou du modèle, par l'emploi de la marque.

« Les délais de priorité mentionnés ci-dessus seront de six mois pour les brevets d'invention, et de trois mois pour les dessins ou modèles industriels, ainsi que pour les marques de fabrique ou de commerce ; ils seront augmentés d'un mois pour les pays d'outre-mer. »

Nous avons vu quelles sont les conséquences du principe de nouveauté absolu, établi par notre législation, notamment en matière de brevets. C'est pour éviter ces inconvénients que l'article 4 de la convention a été adopté.

On a prétendu (*Journal des procès en contrefaçon*) qu'en matière de brevets cet article constituait une véritable spoliation du domaine public. Pour admettre une pareille doctrine, il faudrait renoncer à reconnaître que le breveté jouit d'un droit propre, et prétendre que son monopole n'est qu'une faveur concédée par le domaine public, propriétaire perpétuel de toute invention. Pour nous, au contraire, le domaine public reçoit seulement les droits que les inventeurs veulent bien y laisser tomber. C'est un être juridique purement négatif, contre lequel on exerce des droits, mais qui n'en a contre personne. En d'autres termes, nous pensons que s'il existe en notre matière une spoliation, c'est bien celle que consacrait la loi de 1844 au sujet de la nouveauté, en donnant un caractère de véritable duperie aux dispositions de la loi permettant à l'inventeur breveté à l'étranger de se faire également breveter en France.

On a dit encore que, pour les brevets, la France faisait un marché de dupe, en concédant un délai de six mois aux inventeurs anglais, par exemple, alors que la loi anglaise accordait, en l'absence de convention, un délai de neuf mois à nos inventeurs. Vous réduisez à six mois le délai accordé aux Français en Angleterre, a-t-on dit, et vous accordez, en France, aux Anglais, un délai auquel ils n'avaient pas droit auparavant ; vous perdez un avantage, et vous accordez à ceux qui cessent de vous le reconnaître un privilège nouveau ; vous donnez et l'on vous reprend, singulière façon de comprendre l'échange des bons procédés internationaux.

Nous répondrons que les dispositions de la Convention sont, en principe, des règles de protection minima accordée aux inventeurs et aux industriels ; qu'elles n'abrogent en rien les articles des lois française ou étrangères plus favorables à la protection. Ainsi, nous croyons que le Français continuera à jouir en Angleterre d'un délai de priorité de neuf

mois, comme par le passé. Il est vrai que les Anglais
auront un avantage à peu près équivalent en France,
mais il est impossible de le regretter, à moins
qu'oubliant tout principe de justice on ne pour-
suive le but chimérique autant que ridicule, de tout
exiger des États étrangers pour la protection de nos
nationaux, et de ne leur rien accorder en retour.

La diversité des lois sur les conditions de délivrance
du titre de propriété industrielle produira des iné-
galités bien autrement choquantes. Ainsi, un Français qui voudra faire breveter son invention dans un
pays d'examen préalable devra souffrir les lenteurs
et l'arbitraire de l'Administration de ce pays, tandis
que les sujets de l'État où il importe son invention
n'auraient à subir en France aucune enquête sur la
nouveauté ou l'utilité de leur brevet. Mais ce résultat,
si regrettable qu'il soit, ne peut être empêché. Il
découle du conflit naturel des lois, et n'est d'ailleurs
pas imputable à la Convention de 1883, puisque,
sous l'empire de la loi de 1844, il se produisait
déjà.

Quelle est la nature d'un brevet pris dans le délai
de priorité? Est-ce un brevet importé, ou, si l'on
veut, naturalisé; est-ce au contraire un brevet français, indépendant du brevet antérieur pris dans un
pays de l'Union? Si c'est un brevet importé, son
existence sera liée à celle du brevet pris à l'étranger,
d'après notre jurisprudence. On pourrait dire que
l'art. 4 a pour effet de faire considérer ce brevet pris

en France, comme seul existant au moment du
dépôt ; qu'en conséquence, il doit vivre d'une vie
propre, parallèlement au brevet étranger. Il nous
paraît que cette solution prête à l'art. 4 une portée
qui dépasse certainement ses termes, et qu'on ne
saurait justifier par l'étude des travaux préparatoires.
En réalité, la question, bien qu'importante, n'a pas
été prévue lors de la rédaction de l'article. Dès lors,
il faut croire que nous nous trouvons, en cette matière,
en présence des seuls principes de la loi de 1844, et
prendre parti entre les diverses opinions qui se sont
produites sous l'empire de cette loi, sur la question
de solidarité des brevets.

En matière de marques de fabrique et de commerce, notre article a pour but de remédier aux inconvénients suivants : Les contrefacteurs de marques,
depuis la multiplication des traités protecteurs, arrivaient avec peine à braver impunément les lois. Les
plus habiles d'entre eux avaient trouvé un moyen de
continuer leurs manœuvres en toute sécurité. Ils se
mettaient à l'affût de toutes les marques nouvelles,
déposées à l'étranger par des concurrents connus, et,
aussitôt qu'ils avaient pu se procurer un specimen
des emblèmes enregistrés, ils les déposaient pour
leur propre compte dans leur pays. Dans les États
où le dépôt est attributif de propriété, ils acquerraient
ainsi un droit exclusif à l'emploi de la marque déro-
bée, et le légitime propriétaire s'y voyait refuser
l'enregistrement, par suite de l'existence antérieure

d'un dépôt semblable. Dans les pays où le dépôt est seulement déclaratif, les auteurs de cette supercherie y trouvaient souvent encore leur avantage, les tribunaux refusant quelquefois de tenir compte de la priorité d'usage à l'étranger. (Lyon, 27 juin 1881, *Journ. de Droit int. privé* 1886, p. 339.)

Le danger pour le véritable propriétaire, était d'être devancé. On s'efforça de lui permettre d'effectuer le dépôt fictivement ou réellement le même jour dans plusieurs pays. Le Congrès du Trocadéro avait proposé, pour les brevets aussi bien que pour les marques, le procédé suivant : le dépôt aurait été effectué le même jour à l'autorité locale compétente et aux consulats des différents pays étrangers. On abandonna cette solution, qui ne pouvait être admise que dans les villes où résident plusieurs consuls, et on adopta le système des délais de priorité.

L'effet du délai est d'empêcher le domaine public de s'emparer d'une marque pendant sa durée, et de faire annuler le dépôt effectué pendant le même temps.

Pour pouvoir invoquer les délais de priorité, il suffit que la demande ait été régulièrement faite, qu'il s'agisse d'un brevet ou d'une marque. On ne s'inquiète pas de savoir si elle est justifiée par un véritable droit à la marque ou au brevet. On avait d'abord, dans une première rédaction, employé les expressions suivantes : « L'auteur d'une invention.., d'une marque.. qui aura....., régulièrement dépo-

sé... » On craignit que le mot régulièrement ne
parût porter sur le fond du droit, alors qu'on avait
entendu ne traiter qu'une question de forme. L'article fut modifié, et on adopta la rédaction que nous
avons reproduite : « Celui qui aura régulièrement
fait le dépôt d'une demande... »

SECTION II
DISPOSITIONS SPÉCIALES A CHACUNE DES BRANCHES DE LA PROPRIÉTÉ INDUSTRIELLE

§ 1er
Brevets.

L'article 5 de la Convention abroge l'art. 32, § 3,
de la loi de 1844. Dans le ressort de l'Union, il n'y
a plus de déchéance pour importation d'objets brevetés.

Nous savons que notre loi de 1844 est la seule qui
ait prononcé cette déchéance. Les lois plus récentes
se sont bien gardées de la reproduire. Les adversaires
de la Convention, qui lui prêtent volontiers les intentions et les effets les plus funestes, n'ont pas manqué
de trouver dans cet article, comme dans presque tous
les autres, la preuve que la France s'était dépouil-
lée en faveur des étrangers. Les Chambres de commerce, après le *Journal des procès en contrefaçon*,
ont réclamé avec insistance la modification ou la suppression de cette disposition qui, à les entendre, aurait suffi à elle seule pour faire condamner la Convention de 1883.

C'est prendre trop au sérieux une disposition de la loi de 1844, qui n'a pas produit les effets qu'on en attendait, et qui constitue après tout, une mesure vexatoire des droits du breveté, au profit d'une politique étroitement et maladroitement protectionniste. Ne pouvant introduire chez nous quelques produits pour tenter le succès sur notre marché, les inventeurs étrangers n'y importaient pas leur industrie. La main-d'œuvre française, qu'on voulait protéger, était la première victime des rigueurs de notre loi. Faut-il regretter un pareil système, qui donnait à notre loi un caractère si arriéré ?

Malgré l'abrogation, dans les rapports entre pays de l'Union, de l'art. 32, § 3, de notre loi de 1844, la condition d'exploitation reste une des bases de notre système. En 1880, on proposa de dire que l'exploitation dans un des pays de l'Union, suffirait pour conserver le brevet dans tous les autres pays concordataires; cette motion fut repoussée.

Il faudra donc concilier l'exigence de l'exploitation avec la permission d'introduire. Les tribunaux diront dans quels cas l'exploitation doit être déclarée suffisante.

Lors de la Conférence de Rome, en 1886, on proposa de définir le sens du mot exploiter, qui peut paraître douteux, et d'ajouter à l'obligation d'exploiter qui peut s'entendre de la mise en vente, l'obligation de fabriquer dans le pays. Cette proposition avait été faite par les délégués français, et elle avait

pour but de donner satisfaction à ceux qui regret-
taient la disparition de la déchéance pour introduction. On décida que, tout en maintenant l'obligation
d'exploiter, on laisserait chaque État déterminer la
mesure de l'exploitation. Il en résultera certainement, dans les pays de l'Union, une grande diversité
d'application du principe. En Angleterre et aux
États-Unis, par exemple, l'obligation d'exploiter
n'existe pas pour les nationaux et même pour les
étrangers. Dans ces pays, les tribunaux se montre-
ront bien moins rigoureux qu'en France, où l'on en
est encore à regretter l'art. 32, § 3, de la loi de
1844.

Nous ne croyons pas que cette exploitation obligatoire produise les résultats heureux qu'on lui
prête. Au point de vue de l'industrie française, elle
aboutit à créer quelques usines qui n'ont que l'apparence de l'activité, véritables trompe-l'œil pour les
tribunaux, et qui ne contribuent en rien au développement de la richesse nationale. Quant aux brevetés, ils souffrent les premiers, cela va sans dire,
d'une pareille exigence, et les consommateurs sont
enfin les dernières victimes d'une disposition qui
multiplie les frais généraux des producteurs.

§ 2
Marques.

Article 6. — « Toute marque de fabrique ou de
commerce régulièrement déposée dans le pays d'ori-

gine sera admise au dépôt, et protégée telle quelle
dans tous les États de l'Union.

« Sera considéré comme pays d'origine, le pays
où le déposant a son principal établissement. Si le
principal établissement n'est point situé dans un des
pays de l'Union, sera considéré comme pays d'ori-
rigine celui auquel appartient le déposant.

« Le dépôt pourra être refusé, si l'objet pour lequel il est demandé est contraire à la morale ou à
l'ordre public. »

Nous savons à quelle nécessité répond cet article.
Il est la reproduction d'une clause que nous avons
rencontrée dans les conventions particulières entre
la France, la Belgique, l'Italie, la Russie.

Grâce à cet article, les marques déposées en
France, formées uniquement de lettres et de chiffres, pourront être protégées dans tout le territoire
de l'Union.

Il a été bien entendu, lors de la rédaction de l'article, que le mot *régulièrement* portait seulement
sur l'aspect de la marque, et que le seul fait du dépôt dans un pays d'Union était à l'étranger une
preuve que le signe adopté était susceptible d'être
employé comme marque, sans que les tribunaux
soient contraints d'interpréter à ce sujet les lois
étrangères.

La suite de l'article a pour but de déjouer la ma-
nœuvre suivante : un étranger, originaire d'un pays
où les lettres et chiffres, par exemple, ne peuvent

être employés comme marques, aurait pu, après
avoir d'abord fait enregistrer une lettre ou un chiffre
en France, grâce à l'article 1er de notre loi de 1857,
revenir dans son pays invoquer la convention pour
y faire admettre au dépôt, comme française, sa
marque contraire aux lois de son pays. Il y aurait eu
là un procédé commode pour éluder les dispositions
restrictives des lois étrangères sur l'aspect des
marques. Avec l'art. 6, § 2, ce résultat n'est plus à
à craindre ; pour invoquer la convention, un commerçant anglais, par exemple, devra déposer sa
marque en Angleterre, avant de la déposer en
France.

Il résulte de cet article, qu'au point de vue des
rapports entre États de l'Union une marque ne peut
être protégée, dans un pays étranger, qu'après avoir
été déposée dans le pays d'origine.

Nous n'insisterons pas sur les deux derniers alinéas
de l'article. Ils se comprennent facilement. En 1883,
lors de la signature du traité, on inséra dans le
protocole, sur la demande d'un délégué espagnol,
un art. 4, aux termes duquel l'usage des armoiries
publiques et des décorations peut être considéré
comme contraire à l'ordre public dans le sens de
l'art. 6.

Article 7. — « La nature du produit sur lequel la
marque de fabrique ou de commerce doit être apposée ne peut, dans aucun cas, faire obstacle au
dépôt de la marque. »

On a voulu, par cette disposition, viser les produits pharmaceutiques et les remèdes. Dans certains pays, en effet, sous le prétexte de sauvegarder la santé publique, les administrations refusent souvent d'enregistrer une marque, jusqu'à ce qu'une commission d'hygiène ait statué sur la valeur du produit. Cette pratique ne saurait être approuvée. Elle laisse le champ libre aux contrefacteurs, jusqu'à ce que la décision de la commission, souvent lente à venir, ait été notifiée au déposant; de plus, elle est illogique, l'enregistrement d'une marque n'impliquant en aucune façon le droit de vendre les produits, et laissant aux administrations toute liberté pour sauvegarder la santé publique.

Article 8. — « Le nom commercial sera protégé dans tous les pays d'Union, sans obligation de dépôt, qu'il fasse ou non partie d'une marque de fabrique ou de commerce. »

Nous savons que, dans la plupart des traités particuliers sur les marques et les dessins, on a négligé de mentionner le nom commercial. Nous avons dit que la jurisprudence française avait cru pouvoir combler cette lacune, en étendant aux noms commerciaux les avantages des conventions diplomatiques sur les marques. Cette interprétation nous a paru trop extensive, et nous l'avons désapprouvée. Nous n'en sommes que plus heureux de constater que la convention d'Union a fait disparaître toute discussion à cet égard.

Quant à la fin de l'article précité, son but est de prévenir une interprétation de nos lois, qui avait été déjà donnée par la Cour de cassation dans une affaire récente, à l'époque de la réunion de la Conférence. Une marque étrangère, composée à la fois d'emblèmes (léopard et licorne) et du nom de son titulaire, était invoquée en France contre un usurpateur. On constata que les emblèmes étaient tombés dans le domaine public, et la Cour suprême admit que, par voie de conséquence, le nom qui faisait corps avec ces emblèmes ne pouvait plus faire l'objet d'un droit exclusif. (Cass., 13 janvier 1880, Pataille, 1880, p. 125.) « Attendu, disait l'arrêt, qu'aux termes de l'article 1er de la loi du 23 juin 1857, sont considérés comme marques de fabrique ou de commerce les noms sous une forme distinctive ; que dès lors le nom, accompagné d'emblèmes et de mentions auxquels il s'incorpore et avec lesquels il se confond, n'est plus, à la différence du nom isolé, que l'un des éléments constitutifs dont la marque se compose ; attendu que toute marque de fabrique, quand elle n'est pas déposée, est susceptible de tomber dans le domaine public, et que, du moment où elle y est tombée, nul ne peut plus désormais en revendiquer la propriété exclusive. »

On voit que l'arrêt tend à confondre, dans l'espèce donnée, le droit au nom et le droit à la marque. C'est, à notre avis, une théorie fausse ; il nous semble que, pour appartenir à une marque, un nom ne perd

pas pour cela son droit à l'imprescriptibilité. La loi
de 1857, en protégeant comme marques les noms
sous une forme distinctive, n'a pas entendu dire que,
sous cette forme, ils cessaient d'être garantis par la
loi de 1824. Elle a voulu donner une garantie de
plus à ceux qui feraient accompagner d'emblèmes
leurs noms apposés sur les produits, loin de leur retirer dans ce cas un avantage réservé au nom employé seul.

Ne peut-on pas dire que chacun est libre d'écrire
son nom comme il l'entend, en accompagnant les
lettres qui le composent d'emblèmes ou d'enjolive-
ments de son choix. Si ces emblèmes n'ont pas été
déposés, ils tomberont dans le domaine public dans
les cas prévus par la loi ; mais le nom autour duquel
ils sont groupés n'en gardera pas moins son caractère propre et restera imprescriptible.

La loi de 1824 et celle de 1857 protègent deux
droits distincts, qui peuvent se superposer, mais qui
ne s'absorbent pas l'un l'autre. Quand la marque
contient un nom, ce nom constitue un droit exclusif, qu'il y ait eu ou non dépôt ; d'autre part, par application de la loi de 1824, les emblèmes seront protégés, s'ils ont été déposés, en vertu de la loi de
1857.

Notre jurisprudence a cependant été suivie dans
cette voie par les tribunaux belges. Un arrêt de la
Cour de Bruxelles, du 4 février 1880 (Pasicrisie
belge, 1880, 2, p. 73), déclare en effet que l'art. 191

du Code pénal belge ne peut recevoir d'application,
quand un commerçant a fait de son nom, employé
sous une certaine forme, une véritable marque de
fabrique.

Article 9. — « Tout produit portant illicitement
une marque de fabrique ou de commerce, ou un nom
commercial, pourra être saisi à l'importation dans
ceux des États de l'Union dans lesquels cette marque
ou ce nom commercial ont droit à la protection légale. — La saisie aura lieu à la requête soit du ministère public, soit de la partie intéressée, conformément à la législation intérieure de chaque État. »

Article 10. — « Les dispositions de l'article précédent seront applicables à tout produit portant
faussement, comme indication de provenance, le
nom d'une localité déterminée, lorsque cette indication sera jointe à un nom commercial fictif ou
emprunté dans une intention frauduleuse.

« Est réputée partie intéressée tout fabricant ou
commerçant engagé dans la fabrication ou le commerce de ce produit, établi dans la localité faussement indiquée comme provenance. »

« Ces deux articles sont assurément les moins
clairs, les plus difficiles à expliquer de la convention. Ils ont été l'objet de nombreuses critiques auxquelles nous essaierons de répondre, en cherchant à
dégager le sens précis de ces dispositions, qu'on a
souvent condamnées pour ne s'être pas donné la
peine de les examiner d'assez près.

L'avant-projet de la commission française conte-
nait un art. 6, qui reproduisait à peu près la disposition de l'art. 19 de notre loi de 1857 : « Tout produit portant illicitement soit la marque d'un fabricant ou d'un commerçant établi dans l'un des pays
de l'Union, soit une indication de provenance dudit
pays, sera prohibé à l'entrée *dans tous les autres*
États contractants, *exclu du transit* et de l'entrepôt,
et pourra être l'objet d'une saisie suivie, s'il y a lieu,
d'une action en justice. »

Sur cette rédaction, une longue et confuse discussion s'engagea au sein de la Conférence.

Certains délégués protestèrent d'abord contre le
danger d'un droit de perquisition exercé par les
douaniers de chaque pays. Le président, M. Bozerian,
expliqua le fonctionnement de notre article 19, qu'il
compara à une épée de Damoclès, suspendue sur la
tête des contrefacteurs. Il fit remarquer que les
douaniers n'étaient pas armés d'un droit de perquisition spéciale en vertu de cet article, que c'était au
cours de leurs investigations ordinaires qu'ils avaient
mission de signaler les fraudes qu'ils rencontre-
raient, qu'enfin cette mesure n'avait aucun caractère
vexatoire.

Un autre délégué, représentant de la Suisse, déclara que son gouvernement ne pourrait jamais s'engager à prohiber le transit.

Ainsi, l'opposition se résumait en deux propositions : 1° il est impossible aux gouvernements de

s'engager à saisir en douane ; 2° le transit ne saurait être prohibé.

On proposa alors de laisser à chaque législation le soin de décider dans quels cas pourrait avoir lieu la saisie, et de dire que les produits *pourraient* être prohibés, au lieu de *seraient*, qui se trouvait dans le texte primitif.

La discussion devint de plus en plus confuse ; il est presque impossible de la suivre dans les procès-verbaux. Notons cependant que, sur la remarque d'un délégué italien, on décida de préciser le sens de l'article, en y disant que les produits pourraient être saisis seulement dans les pays où les marques jouissaient de la protection légale.

M. Bozerian proposa alors une nouvelle rédaction : « Tout produit portant illicitement soit la marque d'un fabricant ou d'un commerçant établi dans l'un des pays contractants, soit une indication mensongère de provenance dudit pays, *est prohibé* à l'entrée dans tous les pays contractants, exclu du transit et de l'entrepôt, et pourra être l'objet d'une saisie suivie, s'il y a lieu, d'une action en justice. »

Cette rédaction, bien peu différente de la rédaction primitive, fut l'objet des mêmes critiques qu'elle. On renouvela la déclaration déjà faite, que les gouvernements ne pouvaient s'engager à empêcher le transit, et on fit remarquer les difficultés qu'on rencontrerait pour distinguer une indication de provenance d'un procédé de fabrication. (Ex. : Eau de Cologne, Gants de Suède.) L'article fut alors renvoyé à la commission qui lui fit subir les modifications suivantes : elle admit que la saisie ne pourrait avoir lieu que dans les pays où les marques étaient protégées, et ne parla plus de l'indication de provenance. Cette dernière question fut réservée pour un article spécial. Dans cet état, la rédaction était la suivante : « Tout produit portant illicitement une marque de fabrique ou de commerce *pourra être* saisi en douane ou en entrepôt à l'entrée dans ceux des États de l'Union dans lesquels la marque a droit à la protection légale, à la requête soit du ministère public, soit de la partie intéressée, conformément à la législation intérieure de chaque pays. »

Quel est exactement le sens du mot *pourra ?* À notre avis, il ne veut pas dire que les législations édictant des mesures analogues à notre article 19 pourront s'appliquer; la commission a écarté les amendements inutiles qui auraient en vue ce résultat. Pourra veut dire : la partie lésée ou le ministère public *auront la faculté de.* « Le projet, en effet, implique l'obligation d'autoriser la saisie. » (Paroles de M. Demeur, Procès-verbaux, p. 91.) Ce qu'on a voulu, c'est bien indiquer que les gouvernements n'étaient pas forcés de provoquer la saisie; ils n'en restent pas moins contraints à l'autoriser, quand elle est demandée par la partie lésée.

La rédaction de la commission fut encore attaquée. Le délégué suisse insista pour que, sous les

mots « à l'entrée » on ne pût pas lire transit, et
M. Jagerschmidt (délégué français) proposa de
remplacer ces mots par celui de « importation »,
qui parut ne pas prêter à la même équivoque. Enfin,
on supprima toute allusion à l'entrepôt.

L'article fut alors voté sous sa forme définitive,
moins les mots « ou un nom commercial », qui furent
ajoutés en seconde lecture.

En résumé, l'article 9 diffère en trois points de
l'article 19 de notre loi de 1857 :

1° Il ne permet pas à l'Administration des douanes
d'opérer la saisie ;

2° Il ne parle ni du transit, ni de l'entrepôt.

3° Il ne s'occupe pas des mentions de provenance.
Cette dernière question a été réservée pour l'article
10, dont la discussion a présenté le même caractère
de confusion que celle de l'art. 9. Elle révéla les
préoccupations suivantes: il parut impossible de donner une définition précise de l'indication de provenance qui pût la distinguer du procédé de fabrication. On crut alors qu'il suffirait, faute de mieux, de
sévir contre une fraude indéniable, facile à préciser,
qui consiste à apposer le nom d'une localité qui
n'est pas celle de la provenance des produits, en y
ajoutant un nom imaginaire de fabricant.

L'article fut alors rédigé de la façon suivante :
« Les dispositions de l'article précédent (art. 9 actuel) sont applicables à tout produit portant, comme
fausse indication de provenance, le nom d'une loca-

lité déterminée, lorsque cette indication est jointe
à un nom commercial fictif. »

On ajoute ensuite « ou mensonger », pour atteindre la fraude qui consiste pour l'introducteur à s'entendre avec un habitant de la localité, pour obtenir
le droit d'employer son nom. Quand, plus tard, on
ajouta à l'article 9 les mots : « Ou un nom commercial », on substitua dans l'article 10 les expressions
« ou emprunté dans une intention frauduleuse » à
l'épithète de « mensonger ». Cette modification traduisait mieux la pensée qui avait guidé les auteurs
de la première rédaction, et elle avait en outre l'a-
vantage de ne pas faire double emploi avec l'art. 9,
qui punissait désormais l'emploi mensonger du nom
commercial accompagné ou non d'une mention de
provenance.

Comparons maintenant l'article 10 avec la loi de
1857, art. 19, en ce qui concerne les mentions de
Provenance. Il est moins sévère que son devancier.
Il ne permet pas la saisie quand un nom de lieu est
seul apposé frauduleusement sur les produits. De
plus, il ne frappe pas l'importation ni le transit,
comme d'ailleurs l'article 9, dont il emprunte les
moyens de répression.

Faut-il en conclure, comme on l'a fait, que ces
articles assurent, même en France, l'impunité aux
fraudes qu'ils ne prévoient pas, et qui tombaient,
avant eux, sous le coup de la loi de 1857 ? Nous ne
le croyons pas.

Les articles 9 et 10, aux yeux des négociateurs de 1880-1883, n'ont pas pour but d'indiquer comment, dans chaque État, les nationaux pourront faire réprimer les usurpations. Ce qu'ils déterminent, ce sont les droits qu'auront les sujets et citoyens d'un des États de l'Union dans un autre, pour arriver à ce but. Ils sont destinés à dire comment un Français pourra faire saisir des produits revêtus de sa marque et de son nom, qui seraient importés en Angleterre ou en Italie, par exemple. La première rédaction de l'article 9, que nous avons rapportée, ne laissait aucun doute à ce sujet. Elle a été modifiée dans la confusion de la discussion, mais on ne trouve nulle part la trace d'une volonté réfléchie de s'écarter de la pensée qui l'avait dictée.

L'hostilité même que les délégués étrangers manifestèrent contre le projet prouve bien qu'il s'agissait d'obtenir ce résultat. Ils ont, en effet, déclaré qu'ils ne pouvaient s'engager à faire saisir chez eux les produits étrangers. Il est donc bien certain que les articles 9 et 10 sont des armes données aux sujets de chaque État, contre l'importation dans un autre pays concordataire. Ces articles n'ont pas entendu indiquer comment chaque nation se protégerait chez elle.

D'ailleurs, cette interprétation ne résulte-t-elle pas de l'esprit même de la Convention de 1883? Cette Convention n'est-elle pas avant tout un minimum de protection, au-dessus duquel ses rédacteurs mêmes

souhaitent de voir s'élever les législations des pays
contractants ? Jamais la pensée ne leur est venue de
dire que toutes les mesures conservatrices de la propriété industrielle, qui n'étaient pas accessibles, d'a-
près le traité d'Union, à tous les ressortissants des
États contractants les uns chez les autres, n'auraient
aucune application dans le ressort de chaque législation intérieure. L'idée de la convention est celle-
ci : protégeons-nous chacun chez nous, comme nous
l'entendrons, mais assurons aux pays signataires un
minimum de garantie.

A notre avis, c'est ainsi que le texte de 1883 doit
être entendu. Il en résulte que nos nationaux pourront réclamer à leur profit l'application intégrale de
l'article 19 de la loi de 1857. Notamment, la saisie
en transit et en entrepôt continuera à être possible.
Si l'esprit général de la Convention ne nous conduisait pas naturellement à cette conclusion, nous se-
rions forcés d'y arriver en lisant les paroles suivantes que prononça M. Bozerian, dans une des dernières
séances : « On a distrait de l'article 6 ce qui concernait la saisie des marques de fabrique apposées
sur des marchandises en transit ; mais il a été bien
entendu que, si un État voulait autoriser cette saisie, il serait libre de le faire, et que la disposition
de la loi française qui l'autorise restera en vigueur. »
(Procès-verbaux, p. 121.) On ne peut rien trouver de
plus formel, rien qui réponde plus péremptoirement
à ceux qui prétendent que la Convention nous a en

partie désarmés contre les usurpateurs étrangers.

Ainsi, nous restons libres d'appliquer une loi répressive plus sévère. Tout ce qui résulte de l'art. 9 et de l'art. 10, c'est que les autres membres de l'Union ne pourront nous demander de faire pour eux plus qu'il n'est dit dans ces articles. En se fondant sur l'assimilation aux nationaux, écrite dans l'article 2, ils ne peuvent invoquer le bénéfice de la loi de 1857, art. 19, parce que les termes mêmes de cet article ne visent que la protection des intérêts français. M. Bozerian l'a dit formellement dans la discussion. (Procès-verbaux, p. 80.) Les mesures prescrites par la loi de 1857 ne pourraient s'appliquer à eux que dans les limites fixées par les articles 9 et 10 de la Convention. Il y a pour eux une garantie réduite, mais formelle, dans ces articles, si bien que dans le cas où, par impossible, nous viendrions à supprimer l'application de l'article 19 en faveur des Français, les membres de l'Union continueraient néanmoins à pouvoir invoquer les articles 9 et 10.

SECTION III
EXPOSITIONS INTERNATIONALES

Article 11. — « Les hautes parties contractantes s'engagent à accorder une protection temporaire aux inventions brevetables, aux dessins ou modèles industriels, ainsi qu'aux marques de fabrique ou de commerce, pour les produits qui figureront aux

expositions internationales officielles ou officiellement reconnues. »

Quand une Exposition internationale s'ouvre, tous
les inventeurs, qui voient dans ce concours un
moyen de faire connaître au public leur invention,
s'empressent d'aller l'y porter, même si, à leurs
yeux, elle n'est pas encore parfaite. Ils trouvent dans
l'accueil qui sera fait à leur œuvre par le public
nombreux de ces expositions, comme une pierre de
touche de sa valeur. Pressés par le temps, souvent
ils n'ont pas pu faire breveter leur découverte avant
de l'exposer. Peut-être aussi veulent-ils attendre que
le public ait rendu son arrêt sur l'importance de
l'invention, pour faire les frais d'une demande de
brevet. Dans tous les cas, ils sont très pardonnables
de ne pas s'être assuré un droit exclusif avant le concours. Néanmoins, l'application des règles sur la
nouveauté de l'invention aura pour effet certain de
les empêcher de prendre ensuite un brevet valable.

Ce résultat a paru injuste à plus d'un législateur.
Ajoutons qu'il avait pour conséquence d'écarter des
expositions les inventeurs prudents, et de nuire par
cela même au succès du concours. Cette considération n'a certainement pas été étrangère aux motifs
qui ont dicté les projets de loi ayant pour but d'assurer une protection spéciale à la propriété industrielle dans ces cas spéciaux.

Réduire les frais de taxe, supprimer les effets
de la théorie de la nouveauté absolue, tels sont les

moyens qu'on a proposés pour arriver au but cherché, but aussi désirable pour les inventeurs que pour
les promoteurs d'expositions.

L'Angleterre, en 1851, donna le premier exemple
d'une loi de ce genre, loi d'expédient, destinée à
régir les droits des exposants pour un concours spécial. La France a suivi cette voie en 1855 et en
1867 (lois des 2 mai 1855 et 3 avril 1867); l'Autriche-
Hongrie a édicté une loi analogue le 13 novembre
1872.

Après l'Exposition de 1867, on voulut, en France,
régler la question d'une façon permanente, poser
des règles qui s'appliqueraient à toutes les expositions subséquentes. (Loi du 23 mai 1868.) Les États
étrangers nous ont imités. Presque tous les pays de
l'Union qui ont réformé ou créé leur législation de
la propriété industrielle depuis cinq ou six ans ont
inséré dans les lois nouvelles des articles visant spécialement les expositions internationales. D'après
notre loi de 1868, un certificat descriptif, demandé par l'inventeur dans le mois de l'ouverture
de l'exposition, et délivré par le sous-préfet ou le
préfet dans les mêmes formalités qu'en matière de
brevet, assurera à l'inventeur les mêmes droits que
s'il avait demandé un brevet dès le jour de l'admission, jusqu'à la fin du troisième mois qui suit la clôture
de l'exposition. La procédure est expéditive, et on
dispense l'inventeur de payer la première annuité.

Le résultat de cette protection temporaire est d'atlonger d'une manière très variable la durée des brevets. La jouissance exclusive durera cinq, dix, quinze années, plus le temps de la protection temporaire qui dépendra de la durée de l'exposition. Si un brevet est demandé pour quinze ans après le délai de protection provisoire, il pourra, par ce fait, assurer un droit d'exploitation exclusif de seize ou même de dix-sept ans, dans certains cas.(Congrès de 1878. Compte rendu, p. 138.)

Lors de ce Congrès, une proposition fut faite par M. Pouillet, tendant à ce que la durée de la protection provisoire fût comptée dans le temps du monopole légal. La protection provisoire, jointe à la durée du brevet, ne devait, d'après cette proposition, jamais excéder quinze ans. Le point de départ fixé était le jour de la demande du certificat.

Une autre question se présente à propos des expositions. Si une exposition a lieu en France, la loi de 1868 assurera l'exposant contre les conséquences de la divulgation : il pourra, nonobstant le fait d'avoir été admis au concours, déposer une demande de brevet valable dans notre pays. Mais s'il veut ensuite ou en même temps obtenir un brevet à l'étranger, il ne trouvera plus la protection de notre loi pour son brevet subséquent; la divulgation produite à l'exposition française lui sera opposable. En 1878, on s'est préoccupé de cet inconvénient, et une proposition a été faite d'étendre les effets de la protection provisoire à tous les États représentés à l'exposition. On éviterait ainsi, dans une large mesure, les effets funestes de la divulgation.

La loi de 1868 ne se préoccupe pas des marques, elle n'envisage que les brevets, les dessins et les modèles.

Depuis 1868, à chaque exposition importante, des dispositions législatives ont favorisé dans des circonstances spéciales les exposants. La loi du 8 avril 1878 dérogea à l'art 32, §§ 2 et 3, de la loi de 1844. Celle des 5 et 6 juillet 1881, relative à l'Exposition d'électricité, permit d'introduire en France des objets fabriqués à l'étranger sans crainte de déchéances, sous condition de réexportation. Elle suspendit la déchéance de l'article 32, § 3, comme la loi de 1878. Elle ne permit, dans les locaux de l'exposition, que la saisie par description des produits exposés, et si la saisie était faite contre un étranger, elle exigeait que celui à la requête de qui elle était faite fût protégé dans le pays de cet étranger.

Une loi du 30 octobre 1888, rendue en vue de l'Exposition internationale de 1889, a reproduit les dispositions de la loi de 1881.

Quelle est la portée de la protection provisoire ? Le certificat provisoire assure à l'exposant les mêmes droits que s'il était breveté; il peut poursuivre les contrefacteurs, et notamment s'opposer à l'introduction en France d'objets semblables à ceux pour lesquels il a obtenu un certificat. D'un autre côté, il devra s'abstenir de toute introduction, sous peine de déchéance une fois qu'il aura fait entrer en France les produits qu'il doit exposer. — Loi de 1856.

On a dit que l'ouverture d'une exposition créait une situation nouvelle et spéciale, et que les objets de l'étranger à l'exposition ne pouvaient être considérés comme contrefaits, que la déchéance pour introduction était inapplicable, et que la saisie au cours du voyage ou dans le palais de l'exposition devenait impossible. Que vaut cette opinion ?

Un tiers a introduit en France et exposé des objets pour lesquels un Français ou un industriel breveté en France a obtenu un droit exclusif (certificat provisoire ou brevet) : l'inventeur lésé pourra-t-il invoquer l'art. 11 de la loi de 1844? On a dit que non.

Il n'y a pas alors une véritable introduction, disent les partisans de ce système. L'exposition doit être considérée comme un entrepôt réel établi par le gouvernement, en vertu de la loi du 27 février 1832; or, ces entrepôts sont réputés n'être pas situés sur le territoire français; les marchandises qui y sont déposées ne sont pas soumises aux droits de douane; il y a là comme une fiction d'exterritorialité.

On ajoute qu'au fond le breveté n'éprouve pas de préjudice, puisque, d'après les règlements, les objets exposés ne peuvent être retirés jusqu'au jour de la clôture de l'exposition.

Ces conditions ne peuvent, à notre avis, prévaloir contre les termes formels de l'article 41 de la loi de 1844. Cet article ne fait pas de distinction. Il ré-

prime l'introduction, fait matériel, indépendamment du but pour lequel elle se produit : que les produits soient ou non vendus, les peines sont encou-
rues. (Néanmoins, le Tribunal de la Seine a décidé
que les produits ayant figuré à une exposition ne
pouvaient être considérés comme ayant été mis en
vente au sens de l'article 11. — Pataille, 1868,
p. 55.)

La fiction d'exterritorialité qu'on invoque n'a été
admise qu'au point de vue des lois de douane, et on
ne peut étendre la portée d'une fiction juridique
hors des cas pour lesquels elle a été spécialement
créée.

Ainsi, le breveté sera déchu de ses droits s'il introduit de l'étranger, même pour les faire figurer à
l'exposition, des produits qui y ont été fabriqués,
sans prendre pour cette introduction les précautions
édictées par la loi de 1856. Le contrefacteur exposant peut être poursuivi. (*Journ. de Droit international privé*, 1878, p. 17.)

L'article 11 de la Convention internationale de
1883 va plus loin que notre loi de 1868 ; il étend sa
protection aux marques et aux modèles. Toutefois,
par la force des choses, c'est surtout au point de
vue des brevets que l'amélioration législative qu'il
contient a de l'importance. C'est un engagement,
pris par tous les États de l'Union, d'appliquer aux
industriels exposants venus de l'étranger le système de protection suivi par notre loi, ou plutôt

d'établir un mode de protection, car chaque État reste libre d'édicter à ce sujet les mesures qui lui paraîtront les meilleures.

L'obligation d'accorder une protection provisoire pèse-t-elle seulement sur l'État où a lieu l'exposition? N'incombe-t-elle pas plutôt à tous les États de l'Union indistinctement?

Rien, dans les travaux préparatoires ni dans le texte même de l'article 11, ne peut fournir la solution de cette question. Différents États signataires de la Convention l'ont résolue dans un sens ou dans l'autre, suivant les tendances ordinaires de leurs législations en matière de rapports internationaux. Ainsi, la Grande-Bretagne admet que la protection des inventions et modèles, exposés dans un autre pays que l'Angleterre (si ce pays fait partie de l'Union), doit être accordée provisoirement dans tous les autres États signataires. C'est ce qui résulte d'une ordonnance rendue en conseil privé, le 17 novembre 1888, aux termes de laquelle les sections 39 et 57 de la loi de 1883 sur les brevets, les dessins et modèles, et les marques de fabrique, seront applicables aux exposants de notre Exposition de Paris (1889). La protection temporaire, aux termes des sections précitées, s'étendra à toute la durée de l'Exposition. Cette protection ne vise pas les marques; mais, comme en Angleterre, la priorité d'usage, et non la propriété de dépôt, fonde le droit, cela a peu d'importance.

La loi suisse sur les brevets déclare que la protection temporaire accordée aux produits brevetables, qui figurent dans une exposition nationale ou internationale indigène, doit aussi s'appliquer aux produits figurant dans une exposition internationale d'un pays qui accorde la réciprocité. La durée de la protection temporaire est de six mois à partir de l'admission du produit brevetable à l'exposition. La loi sur les dessins et modèles contient une disposition analogue. Quant aux marques, le principe de la priorité d'usage créant le droit, faisant la base du système admis en Suisse, la protection temporaire présente en cette matière peu d'utilité.

En France, la loi de 1868 restreint la protection aux expositions nationales. Aucune loi n'a été votée depuis 1883, pour les expositions universelles ouvertes à l'étranger. La France entend donc l'art. 11 dans ce sens que les pays signataires du traité d'Union sont tenus de protéger seulement les étrangers qui prennent part à une exposition française.

Telle paraît être aussi la doctrine suivie en Belgique. Les arrêtés du 31 juillet 1884 et du 24 avril 1888, rendus en vue de l'exposition d'Anvers et du grand concours international de Bruxelles, visent expressément l'article 11 de la Convention, et pourtant ne garantissent la protection que dans le pays de l'exposition.

Il est à souhaiter que la prochaine conférence in-

16

ternationale vienne régler d'une façon uniforme et
définitive le sens qu'il faut attribuer à l'article 11.
Nous pensons que l'Angleterre et la Suisse ont
donné à cet article sa véritable interprétation, celle
qui justifie le mieux son introduction dans le texte
de 1883. Avec l'opinion suivie en Belgique, on serait
à peu près dans la même situation qu'avant la constitution de l'Union, chaque pays édictant pour chaque exposition nationale une loi spéciale, comme l'a
fait la France en 1855, en 1867, et en 1878. Le progrès serait bien difficile à apercevoir.

— Nous ne citerons plus maintenant qu'un article
du traité d'Union, l'article 15 :

« Il est entendu que les hautes parties contractantes se réservent respectivement le droit de prendre séparément, entre elles, des arrangements particuliers pour la protection de la propriété industrielle, en tant que ces arrangements ne contrevien-
draient point aux dispositions de la présente Convention. »

On ne peut que louer la sagesse de cette disposition. Si on avait voulu rendre trop étroits les liens
de l'Union, et interdire à chaque État contractant de
conclure avec un autre État concordataire une convention spéciale, le traité de 1883, au lieu d'être,
comme on l'a voulu, un instrument de progrès, serait
devenu un *impedimentum* dans la marche vers les
réformes. S'il avait fallu, à chaque modification désirée, obtenir le consentement des douze États si-

gnataires du premier moment, rarement un résultat
utile aurait été obtenu. Les traités particuliers si-
gnés entre États de l'Union serviront d'éclaireurs
avancés à la Convention, et chaque pas fait par leur
signature sera suivi avec intérêt par les États non
parties au contrat, qui ne seront jamais indifférents
aux modifications survenues dans un quelconque des
pays d'Union, par suite du contre-coup que les principes de la Convention amèneront dans tous les États
concordataires. La Convention crée ainsi, dans un
certain sens, une solidarité relative entre les États
signataires.

CHAPITRE III

CONFÉRENCE DE ROME (avril-mai 1886).

En vertu d'un article de la Convention qui prévoit sa revision triennale, les délégués des États signataires se sont réunis à Rome, au mois d'avril 1885. Sept États n'appartenant pas à l'Union s'étaient fait néanmoins représenter : l'Allemagne, les États-Unis d'Amérique, le Luxembourg, le Mexique, le Paraguay, la Roumanie, l'Uruguay. Leurs délégués prirent part aux discussions, mais avec voix consultative seulement.

Le jour même de l'ouverture, on aborda la discussion des propositions que les différentes administrations avaient élaborées. Les deux propositions les plus graves, parce qu'elles étaient en désaccord avec le texte de la Convention de 1883, émanaient de la France et de la Belgique. La France voulait qu'on obligeât le breveté à se livrer à une véritable fabrication sur le territoire de l'État qui le protégeait, sous peine d'être déchu de son droit.

C'était un moyen voilé d'abroger presque complètement l'article 5. La Belgique, au contraire, accentuant le sens de cet article 5, voulait qu'il ne pût être prononcé de déchéance faute d'exploitation.

Au moment où la discussion allait s'engager, le délégué des Pays-Bas demanda qu'on voulût bien, au préalable, se prononcer sur la question de savoir s'il convenait de reviser le texte admis en 1883. Il émit l'avis qu'une revision serait prématurée.

La Conférence se rangea à cette opinion, et il fut décidé qu'on se contenterait de voter quelques articles purement additionnels.

Le premier de ces articles concerne l'article 5; nous en avons déjà parlé. Il laisse à chaque État le soin d'interpréter comme il l'entendra la nécessité d'exploitation.

Deux autres articles additionnels furent ensuite votés : ils se rapportent tous les deux à l'article 10.

Le premier est ainsi conçu : « Tout produit portant illicitement une indication mensongère de provenance pourra être saisi à l'importation dans tous les États contractants. — La saisie pourra également être effectuée dans le pays où l'indication mensongère aura été apposée ainsi que dans le pays où le produit aura été introduit. — La saisie aura lieu à la requête, soit du ministère public, soit d'une partie intéressée, individu ou société, conformément à la législation intérieure de chaque État. — Les tribunaux de chaque pays auront à décider quelles sont les appellations qui, à raison de leur caractère

générique, échappent aux présentes dispositions. —
Les autorités ne sont pas tenues d'effectuer la saisie
en cas de transit. »

Les délégués italiens combattirent vivement cette
proposition qui émanait des délégués de la Grande-
Bretagne. L'un d'eux, M. Monzilli prétendit qu'elle
allait contre un usage constant, d'après lequel un
pays ne devait pas se plaindre que son nom fût men-
tionné faussement comme provenance des produits.
Cet usage ne peut que profiter au pays en question,
disait M. Monzilli, puisqu'il lui fait une « réclame
gratuite ». D'après le même orateur, il ne fallait pas
espérer que le Parlement italien ratifiât une convention qui admettait ce principe.

M. Nicolas, délégué de la France, combattit énergiquement cette thèse, et déclara que, pour la première fois, il entendait affirmer qu'un nom de localité ne pouvait être considéré comme une propriété
industrielle. Le délégué de l'Angleterre se joignit à
lui, et demanda à M. Monzilli si c'était au nom de
la probité commerciale qu'il parlait. Il lui fut répondu que, sans doute, l'apposition d'une fausse
mention de provenance était immorale, mais que
c'était là une question étrangère à la propriété industrielle.

Par huit voix (Belgique, France, Espagne, Grande-
Bretagne, Norwège, Pays-Bas, Suède et Tunisie)
contre une (Italie), et trois abstentions (Brésil, Serbie, Suisse), la proposition fut adoptée.

On en saisit aisément la portée :

C'est la proclamation du principe qu'en 1883 on avait trouvé trop ambitieux, et d'après lequel la saisie est possible même dans le cas où l'indication de provenance n'est pas accompagnée d'un nom commercial fictif, ou emprunté dans une intention frauduleuse. D'après les deuxième et troisième alinéas de l'article additionnel, on pourra également saisir les produits faussement marqués dans le pays d'apposition et dans le pays d'importation. L'avant-dernier paragraphe a eu pour but de répondre aux objections qui s'élevaient sur la difficulté de distinguer la véritable indication de provenance, de la mention d'une fabrication spéciale ou d'un genre de produits.

Quant au second article additionnel à l'article 10, il s'en faut de beaucoup qu'il mérite les mêmes éloges que le premier. Il est ainsi conçu :

« Il n'y a pas intention frauduleuse dans le cas prévu par le paragraphe premier de l'article 10 de la Convention, lorsqu'il sera prouvé que c'est du consentement du fabricant dont le nom se trouve apposé sur les produits importés, que cette apposition a été faite. »

Rappelons que l'article 10 permettait la saisie des produits revêtus d'une indication mensongère de provenance, quand elle était jointe à un nom commercial emprunté dans une intention frauduleuse.

L'article additionnel vise l'espèce de l'arrêt de la Cour de cassation de 1884, que nous avons rapporté

plus haut, et il consacre la doctrine opposée à celle
qu'avait adoptée cet arrêt. Nous avons dit que nous
reconnaissions une véritable concurrence déloyale
dans le fait d'un fabricant ou d'un commerçant français qui se fait expédier de l'étranger des marchandises qui y ont été fabriquées, en commandant qu'on
y appose une mention de provenance française.

Nous ne pouvons donc que regretter le vote de
cet article.

Précisons bien l'effet que ce vote et celui de l'article additionnel précédent produit sur le système
général de la Convention, en matière de fausse indication de provenance.

D'après l'article 9, en 1883, tout produit revêtu
d'un nom commercial *usurpé* est saisi à l'importa-
tation dans tous les États de l'Union, que l'usurpation
soit ou non accompagnée d'une indication de provenance française.

Si le produit contient seulement la mention d'une
localité française, sans indication de nom de personne, il ne peut être saisi en vertu de l'article 9.

Qu'au contraire, au nom de la localité française
soit joint un nom fictif de personne, la saisie deviendra possible.

Enfin, si le nom de la localité est accompagné
d'un nom de personne, employé avec l'autorisation de cette personne, il n'y a plus *usurpation* de
nom, il y a *emprunt*; et si cet emprunt a un but
frauduleux, il rendra son auteur passible des ri-

gueurs de l'article 10. Peu importe dans ce cas que le prête-nom soit commerçant, fabricant ou simple particulier.

En 1886, il n'y a rien d'innové pour le cas d'usurpation de nom de personne. Elle reste punie dans toutes les hypothèses. (Art. 9.)

Mais l'article 10 est profondément modifié par l'adoption des articles additionnels.

L'effet du premier article additionnel est de permettre la saisie, même dans le cas où la mention de provenance mensongère est apposée seule, sans adjonction de nom de personne.

On ne parle plus du nom fictif. En réalité, tout ce qui le concernait devient lettre-morte, puisque la mention de provenance fausse suffit à motiver l'application de l'article.

Quant au nom de personne *emprunté* dans une intention frauduleuse, la situation est modifiée. En 1883, les tribunaux avaient plein pouvoir d'appréciation pour déclarer l'emprunt frauduleux ou non. En 1886, ce pouvoir d'appréciation leur est enlevé dans un cas : celui où le nom de personne emprunté est celui d'un fabricant.

En combinant les principes de 1883 et de 1886, comme on devrait le faire *si les articles additionnels avaient force de loi*, on arriverait aux solutions suivantes : une règle générale (1ᵉʳ article additionnel), en vertu de laquelle toute fausse mention de provenance donne lieu à la saisie, et une exception, con-

sistant en ce que la saisie n'est pas possible quand la
mention de provenance est accompagnée du nom
d'un fabricant employé avec le consentement de ce
dernier.

Nous ne reviendrons pas sur les dangers qui ré-
sulteraient de l'adoption du second article additionnel. Ils seraient d'autant plus grands que, de la discussion qui eut lieu en 1886, il ressort que, dans la
pensée des négociateurs, l'article s'appliquerait non
seulement pour protéger à l'entrée dans un pays
concordataire autre que la France les noms de provenance française usurpés, mais encore à l'importation en France même. En d'autres termes, contrairement à la théorie si clairement soutenue en 1883
par M. Bozerian, l'article 10 modifié constituerait
une véritable restriction, pour nos industriels, des
droits que leur donnait l'article 19 de la loi de
1857 (1).

On a proposé une autre interprétation du deuxième
article additionnel. Cette interprétation est due au
délégué de la Tunisie à la conférence de Rome,
M. Pelletier. Elle est ingénieuse et emprunte une
gravité exceptionnelle au rôle qu'a joué son auteur
dans la rédaction de l'article.

Dans deux réunions (28 juin et 27 décembre 1886)
du Syndicat des ingénieurs conseils en matière de
propriété industrielle, M. Pelletier a expliqué l'ar-

(1) Voir à ce sujet une communication de M. Emile Bert à la
Société des ingénieurs civils, séance du 15 octobre 1886.

ticle additionnel de la façon suivante : Pour lui, la disposition ne vise pas le cas où une indication de provenance est jointe à un nom de fabricant, mais seulement celui où le nom de fabricant est employé isolément. Dans le cas où une indication de provenance est jointe au nom, la saisie est toujours possible, nonobstant le consentement donné par le fabricant à l'apposition de son propre nom. M. Pelletier appuie sa décision sur les paroles suivantes de M. Perruzzi, président de la conférence : « La proposition ne vise pas l'indication de provenance des produits, mais seulement les noms empruntés dans une intention frauduleuse. » Avec cette interprétation tout danger disparaît. La saisie à la frontière est possible dans tous les cas d'indication de fausse provenance.

Malgré le désir que nous aurions de voir appliquer une pareille doctrine, il nous paraît impossible de croire qu'elle est celle des négociateurs de 1886. Elle ne ressort pas clairement de la lecture des procès-verbaux ; elle est en contradiction avec les textes ; enfin, on ne voit pas bien quelle utilité présente l'article additionnel ainsi interprété.

La lecture des procès-verbaux nous apprend, en effet, que la proposition émanait de M. Dujeux, délégué de la Belgique, et ce délégué a formellement expliqué que son amendement avait pour but de prévenir le retour d'une décision analogue à celle que la Cour de cassation française avait donnée en

1884. Or, nous le savons, l'arrêt de 1884 prévoyait,
non pas une seule apposition, celle du nom de personne, comme dans l'hypothèse de M. Pelletier,
mais bien deux, celle d'un nom de provenance avec
celle du nom du fabricant. C'est ainsi que l'a compris M. Nicolas, délégué français, puisqu'il a dit
« que la proposition de M. le délégué belge aurait
le grave résultat de modifier de fond en comble
l'art. 19 de la loi du 23 juin 1857... que la dé-
légation française devait se refuser à une concession
qui permettrait à des commerçants français de faire
fabriquer leurs produits à l'étranger et de les vendre
ensuite comme provenant de fabricants français ».

Nous ne pourrions comprendre ni l'allusion de
M. Dujeux à l'arrêt de 1884, ni la protestation éner-
gique de M. Nicolas, s'il fallait interpréter notre
article comme l'a fait M. Pelletier.

De plus, si le texte voulait dire ce qu'y lit M. Pelletier, ce n'est pas à l'article 10 et pour interpréter
l'expression *emprunté dans une intention frauduleuse*,
mais à l'article 9 pour expliquer le mot *illicitement*,
qu'il aurait fallu le rattacher. L'article 10, en effet,
prévoit non pas seulement l'apposition d'un nom de
personne, mais encore celle d'une mention de provenance.

Enfin, on ne voit pas bien à quelle utilité pratique correspondrait l'amendement ainsi entendu. Il
aurait pour effet de permettre d'employer le nom
d'un fabricant, le nom seul, avec le consentement de

ce dernier. Jusqu'ici, personne n'avait méconnu ce droit, ni la loi, ni la jurisprudence. L'arrêt de 1884, visé par M. Dujeux, n'a certainement pas cette portée. On ne comprend donc pas bien à quelle nécessité répondrait l'amendement.

La théorie que nous avons soutenue pour expliquer les articles additionnels a été développée dans le journal *La Propriété industrielle*, organe officiel de l'Union. Nous pouvons donc opposer à M. Pelletier une autorité de même nature que la sienne. C'est ce qui nous a autorisé à combattre une interprétation donnée par un des auteurs de la loi.

L'article additionnel à l'article 10 a eu pour conséquence le refus de la France de signer le projet élaboré à Rome. Depuis 1886, ce projet est resté sans ratification ; il est peu probable qu'il s'en produise maintenant.

— La Conférence fut saisie encore d'un projet de règlement préparé par le bureau italien et le bureau international de Berne. Un article de ce projet, qui fut adopté, déterminait dans quelles conditions devaient se trouver les sujets des États étrangers à l'Union, pour pouvoir invoquer le bénéfice de l'article 3. Voici le texte de l'article voté : « Pour pouvoir être assimilés aux sujets ou citoyens des États contractants, aux termes de l'art. 3 de la Convention, les sujets ou citoyens d'États ne faisant pas partie de l'Union et qui, sans y avoir leur domicile, possèdent des établissements industriels ou commerciaux sur le territoire d'un des États de l'Union, doivent être propriétaires exclusifs desdits établissements, y être représentés par un mandataire général, et justifier, en cas de contestation, qu'ils y exercent d'une manière réelle et continue leur industrie ou leur commerce. »

Cette disposition a pour but de répondre aux préoccupations de ceux qui craignaient que le bénéfice de la Convention ne fût étendu trop facilement à des étrangers ne possédant pas sur le territoire de l'Union des établissements sérieux.

Citons encore, dans le règlement voté à Rome, un article concernant spécialement les marques de fabrique et de commerce : « Pour assurer la protection des marques de fabrique ou de commerce de leurs ressortissants dans tout le territoire de l'Union, les Administrations du pays d'origine leur délivreront une attestation, constatant que lesdites marques ont été déposées dans ce pays. La légalisation de l'attestation ci-dessus n'est pas requise. »

On peut voir dans cet article une nouvelle preuve que, d'après les auteurs de la Convention, une marque ne peut être protégée dans un pays étranger, qu'après avoir été déposée dans le pays d'origine.

Quatre articles du règlement définissent la protection temporaire dont parlait l'article 11, à propos des expositions internationales.

1° « La protection temporaire prévue à l'article 11 de la Convention consiste dans un délai de priorité, s'étendant au minimum jusqu'à six mois à partir du jour de l'admission du produit à l'exposition, et pendant lequel l'exhibition, la publication ou l'emploi non autorisé par l'ayant droit de l'invention, du dessin, du modèle ou de la marque ainsi protégés, ne pourront pas empêcher celui qui a obtenu ladite protection temporaire de faire valablement, dans ledit délai, la demande de brevet ou le dépôt nécessaire pour s'assurer la protection définitive dans tout le territoire de l'Union. Chaque État aura la faculté d'étendre ledit délai. »

On voit que le délai de six mois est un minimum que les législations particulières pourront dépasser.

2° « La susdite protection temporaire n'aura d'effet que si, pendant sa durée, il est présenté une demande de brevet ou fait un dépôt en vue d'assurer à l'objet auquel elle s'applique, la protection définitive dans un des États contractants. »

3° « Les délais de priorité mentionnés à l'article 4 de la Convention sont indépendants de ceux dont il est question dans le premier paragraphe du présent article. »

4° « Les inventions brevetables auxquelles la protection provisoire aura été accordée en vertu du présent article devront être notifiées au bureau international, et faire l'objet d'une publication dans l'organe officiel dudit bureau. »

Le règlement édicte enfin certaines règles d'ordre, dans une section intitulée « Statistique ».

Avant de se séparer, la Conférence émit un vœu
concernant les États de l'Union qui n'avaient pas
encore de législation sur toutes les matières de la
propriété industrielle :

« Les États faisant partie de l'Union, qui ne possèdent pas de lois sur toutes les branches de la propriété industrielle, devront compléter dans le plus
court délai possible leur législation sur ce point. Il
en sera de même pour les États qui entreraient ultérieurement dans l'Union. »

Aujourd'hui, la Suisse a sa loi sur les brevets, et
sa loi sur les dessins et modèles. Les Pays-Bas sont
le seul État européen que cette disposition puisse
viser, puisque, seuls des pays d'Union, ils n'ont pas
encore de loi sur les brevets.

Parmi les propositions faites à la Conférence de
Rome qui furent écartées ou ajournées, nous devons citer celle qui avait trait à l'enregistrement international des marques.

Voici quel était le but de ce projet : Une marque
ayant été déposée dans un des pays de l'Union, son
propriétaire aurait pu, moyennant paiement d'une
taxe, la faire enregistrer au bureau international de
Berne, et obtenir par ce moyen la protection dans
tous les autres États concordataires. Cet enregistrement aurait été purement facultatif, et on ne l'aurait opéré que sur la demande des intéressés.

Nous ne croyons pas qu'ainsi compris, l'enregistrement international soit appelé à rendre les services

qu'on en attend. On voulait surtout faciliter les recherches de ceux qui désirent choisir une marque propre à être protégée à l'étranger, et leur éviter les frais des intermédiaires auprès de chaque Administration. Il nous semble qu'en instituant le dépôt international facultatif, on ne pouvait arriver à ce résultat. En effet, à côté des marques internationales enregistrées à Berne, il serait toujours resté dans chaque État des marques purement nationales, dont on n'aurait pas trouvé mention au bureau central suisse. Pour choisir une marque destinée à l'étranger, il aurait fallu connaître les unes et les autres, et l'Administration de Berne n'aurait pu donner avis que des marques internationales déposées entre ses mains. Il restait donc nécessaire de faire des recherches aux administrations de chaque État et d'avoir recours aux intermédiaires spéciaux qu'on voulait éviter.

Bien que l'œuvre des négociateurs de 1886 n'ait pas abouti, il faut reconnaître que l'Union internationale pour la protection de la propriété industrielle a produit d'excellents résultats. Grâce à elle, un mouvement s'est produit dans le sens de la protection dans tous les pays civilisés. A chaque page de notre étude, nous avons eu à citer des lois étrangères toutes récentes, dont l'élaboration est due aux travaux de la Conférence de 1878 et à la conclusion du traité de 1883. La plupart des critiques adressées au texte de la Convention n'ont pris leur source que

17

dans une méconnaissance de l'esprit des négociateurs ; nous les avons réfutées en passant, nous
n'y reviendrons pas. Bientôt il n'y aura plus de pays
d'élection pour la contrefaçon, et c'est à la Convention de 1883 que l'industrie et la morale publique
seront en grande partie redevables de ce progrès si
longtemps attendu.

Depuis la réunion de la Conférence de Rome, les
États-Unis ont adhéré à l'Union internationale. La
date officielle de leur accession est le 30 mai 1887.

On a prétendu (*Journal des procès en contrefaçon*,
mai 1887) que les règles établies par la Constitution
américaine sur le droit de légiférer en matière de
marques avaient pour effet de rendre toute réciprocité illusoire, si bien que la Convention assurerait aux
Américains une protection efficace en France, tandis
que les Français seraient en butte aux contrefaçons
toujours impunies : «Nos marques seront protégées,
soit ; et après? Quand nos fabricants voudront poursuivre les contrefacteurs, ils se heurteront à un *non
possumus* constitutionnel. Car enfin, l'enregistrement de la marque ne suffit pas pour en assurer
le respect. Les produits contrefaits circuleront sans
que le fabricant français puisse les faire saisir. »

Le *Journal des procès en contrefaçon* témoigne
ainsi que son rédacteur n'a pas pris soin de lire l'art.
7 de la loi américaine, qui dit : « Toute personne
qui contrefera, reproduira, copiera ou cherchera à
imiter une marque de fabrique enregistrée en vertu

de la présente loi, et l'appliquera à des marchandises sensiblement de même nature que celles indiquées dans l'enregistrement, sera passible, à la requête du propriétaire de la marque, d'une action en dommages-intérêts pour l'usage frauduleux qu'il aura fait de ladite marque de fabrique, et la partie lésée aura en outre le droit, conformément aux règles de l'équité, de poursuivre l'usage frauduleux de ladite marque...... et de réclamer une indemnité pour ce fait devant tout tribunal ayant juridiction sur la personne coupable de l'usage frauduleux. »

Ainsi, le propriétaire d'une marque enregistrée n'est pas désarmé, aux termes de la loi. Ajoutons que, pour la protection des marques françaises aux États-Unis, l'entrée dans l'Union de la République Américaine n'a produit aucun effet capital. En effet, d'après le traité de 1869, nos marques étaient déjà protégées. Après comme avant l'accession des États-Unis à la Convention internationale du 20 mars 1883, nos nationaux pourront poursuivre les contrefacteurs en Amérique.

Si ce traité de 1869 n'avait pas été scrupuleusement exécuté, si les Français n'avaient pas obtenu sur le territoire des États-Unis la réparation du préjudice que leur causaient les usurpateurs de leurs marques, depuis longtemps déjà des plaintes se seraient élevées à cet égard. Nous n'avons trouvé nulle part la trace de ces plaintes; il faut donc en

conclure que la réciprocité existe réellement entre
la France et les États-Unis.

Nous le répétons, l'opinion du *Journal des procès
en contrefaçon* ne repose sur aucun fondement sérieux. La loi de 1870 et celle de 1876 ont été dé-
clarées inconstitutionnelles par la Cour suprême,
parce qu'elles réglaient la protection des marques
d'une manière absolue, tant pour le commerce in-
terne des États que pour le commerce extérieur.
La Constitution n'accorde à la Confédération le droit
de réglementer que le commerce des États de l'U-
nion entre eux, ainsi que celui de l'Union Américaine avec les pays étrangers et les tribus Indiennes.
A l'intérieur, chaque État conserve en cette matière
son pouvoir législatif indépendant. Les lois de 1870
et de 1876 étaient donc inconstitutionnelles, parce
qu'elles constituaient une violation de cette souveraineté particulière des États.

Mais ces lois ont été remplacées par une loi du
3 mars 1881, qui s'est bien gardée de retomber
dans le péché constitutionnel de ses devancières.
En effet, nous l'avons vu, cette loi ne s'applique que
dans les relations avec les nations étrangères et les
tribus Indiennes. Il en résulte que les marques étrangères sont protégées par cette loi, tandis que les
marques américaines le sont par le droit commun.
Ajoutons que, même avant les lois sur les marques,
les tribunaux des différents États de l'Union Américaine n'avaient jamais hésité à accorder des dom-

mages-intérêts aux étrangers victimes de la contrefaçon.

Le *Journal des procès en contrefaçon* ne se déclare
pas vaincu par cet argument, et il ajoute : « Quand
la loi du 3 mars 1881, qui se borne à organiser l'enregistrement des marques étrangères aux États-Unis,
serait vraiment constitutionnelle en quoi établit-elle
une réciprocité légale ou diplomatique depuis l'adhésion du gouvernement fédéral à la Convention de
1883 ? »

La vérité est que les adversaires de la Convention
ont vu avec regret les États-Unis y accéder, au moment même où leurs attaques tendaient à discrédi-
ter l'œuvre de la Conférence de 1883. N'avaient-ils
pas fait une arme contre l'Union du refus de signer
le traité, que le gouvernement américain avait
jusqu'ici opposé à toutes les sollicitations? Il ne faut
donc pas s'étonner qu'ils aient cherché à tourner à
leur profit cette accession qui donnait un démenti à
leurs insinuations. Quant à nous, nous avons vu
avec joie une nation aussi industrielle que l'est maintenant la République Américaine, venir s'unir aux
États européens pour lutter contre les usurpateurs
de propriété industrielle.

Souhaitons que le Congrès de la propriété industrielle, qui se réunira à Paris cette année, pendant
l'Exposition universelle, donne des résultats aussi
brillants que ceux qu'a produits son devancier de
1878.

TROISIÈME PARTIE

CONCLUSION

Il nous paraît indispensable de résumer en terminant les conclusions de notre étude, et d'indiquer brièvement les réformes qui nous paraissent nécessaires en matière de propriété industrielle, spécialement dans les rapports internationaux.

— A ne considérer d'abord que la législation française des brevets, nous croyons pouvoir dire que la loi de 1844 a donné jusqu'ici de bons résultats, et que, prise dans l'ensemble des principes qu'elle pose, elle suffit à garantir les intérêts qu'elle a mission de protéger. Quelques critiques de détail peuvent seulement être adressées à notre loi.

Nous en verrions disparaître sans regret les restrictions concernant les produits pharmaceutiques et les remèdes. Nous avons expliqué plus haut que la prohibition des brevets en cette matière n'était justifiée ni par l'intérêt de la santé publique, qui peut être protégée par d'autres moyens, ni par l'intérêt purement pécuniaire des consommateurs, le monopole refusé par la loi des brevets ayant trouvé une protection suffisante dans la loi des marques et l'esprit de réclame, qui s'est développé d'une façon inusitée dans cette branche de commerce, pour le plus grand enchérissement des prix.

Il est à regretter que les lois étrangères plus récentes aient cru devoir prohiber la prise de brevets pour d'autres inventions, qui nous semblent mériter une faveur toute particulière. Nous voulons parler des dispositions de la loi allemande relatives aux produits chimiques, et des exigences de la loi suisse de 1888, en ce qu'elle exige que les inventions puissent être représentées par des modèles. Nous savons que ces dispositions rejettent en dehors du domaine de la protection nombre d'intérêts des plus respectables.

Ainsi, nous concluons à la suppression des entraves législatives, ayant pour but de restreindre le domaine d'application des droits industriels protégés par les lois des brevets.

Si maintenant nous passons à l'examen des questions soulevées dans les rapports internationaux, la déchéance pour introduction en France de produits similaires à ceux pour lesquels l'inventeur s'est fait breveter dans notre pays apparaît comme un véritable anachronisme juridique. Aucune législation étrangère n'a suivi la loi française de 1844 dans cette voie, bien que toutes ou presque toutes se soient inspirées des idées de notre législateur en matière

de brevets. Il est donc à souhaiter que cette déchéance disparaisse, pour le plus grand intérêt des
inventeurs.

Quant à l'exigence d'exploiter sur le territoire du
pays qui accorde le brevet, il nous semble qu'on ne
saurait désirer la voir longtemps maintenue. Son
résultat, nous l'avons vu, c'est d'augmenter les frais
généraux des brevetés qui s'y conforment scrupuleusement dans des proportions considérables, et de
faire monter d'autant le prix de leurs produits. Mais
le plus souvent, il est facile d'éluder les dispositions
rigoureuses de la loi, en formant des établissements
qui n'ont que l'apparence de l'activité, et ne fournissent pas à la main-d'œuvre nationale les ressources que le législateur avait dessein de lui procurer. Ainsi, dans le premier cas, les inventeurs et
les consommateurs sont lésés ; dans le second, la loi
est tournée et le but qu'elle se propose n'est pas
atteint. Pourquoi conserver une disposition nuisible
quand elle est observée, et qui prête si facilement le
flanc à toutes les fraudes ? Un législateur prévoyant
doit se garder de légiférer avec l'espoir de n'être
pas obéi. L'exemple d'une loi impuissante est du
plus dangereux effet sur la morale publique.

Étant donné que ces modifications sont désirables,
il nous paraît intéressant d'examiner sous quelle
forme il est à souhaiter qu'elles se produisent. Faudra-t-il réformer purement et simplement notre loi
de 1844 en cette matière, et les lois étrangères qui

l'ont imitée, ou bien devra-t-on introduire les réformes dans la Convention d'Union, lors d'une des revisions périodiques auxquelles elle est soumise?

La question est importante, et nous apercevons de bonnes raisons pour soutenir et la négative et l'affirmative. Attendre pour améliorer la loi la réunion d'une conférence, compter que l'adhésion de tous les États de l'Union y pourra être obtenue, c'est peut-être s'exposer à bien des retards, à bien des mécomptes. D'un autre côté, si ces réformes étaient introduites dans la Convention et leur application restreinte aux rapports entre les États signataires, l'Union acquerrait par là une force d'attraction considérable, et qui serait vraisemblablement suffisante pour rallier tous les États civilisés. Même en cette matière, il n'est pas défendu d'être habile en même temps que juste, et la possibilité d'un pareil résultat semble bien de nature à faire désirer l'emploi de cette méthode. Pourquoi d'ailleurs se montrerait-on d'un libéralisme exagéré pour les États qui refusent d'entrer dans la ligue formée contre les usurpateurs de propriété industrielle? A notre avis, c'est donc dans le traité d'Union qu'il faut introduire les réponses dont nous venons de parler. Ajoutons que les retards qu'on pourrait craindre, eu égard à la rareté relative des réunions de Conférences, ne sont malheureusement pas beaucoup plus considérables que ceux qui découlent de la lenteur ordinaire des travaux législatifs.

— Quant à l'organisation de la protection des dessins et des modèles industriels, nous savons combien elle est défectueuse en France. Il est permis de dire que nous n'avons même pas de législation sur cette matière pourtant si importante. Pourquoi faut-il que les projets de loi, déposés depuis des années sur les bureaux de nos Chambres, y dorment obstinément leur sommeil ininterrompu! Tout est à créer en cette matière au point de vue législatif; mais la loi créatrice aura été devancée par la jurisprudence toujours prudente et sage, et elle pourra s'éclairer par les législations étrangères. Sur ce point en effet, loin d'être les imitateurs des étrangers, comme en matière de brevets et de marques emblématiques, nous en sommes encore à souhaiter de les suivre dans la voie où ils se sont engagés résolûment.

— C'est au point de vue des marques de fabrique et du nom commercial, que les réformes ont été poussées avec le plus d'activité en France, depuis quelques années. Bien des idées ont été émises dont plusieurs sont bien douteuses, et produiraient plutôt des changements que des améliorations.

Un point sur lequel tout le monde doit être d'accord, c'est la nécessité de donner aux noms commerciaux une législation plus étendue, plus moderne que la loi de 1824. Personne ne peut admettre qu'une marque (car il ne s'agit ici que des noms employés comme marques) prenne un caractère juridique tout différent, et soit protégée par des moyens divers, suivant qu'elle est composée d'emblèmes ou formée simplement d'un nom. Le but poursuivi par le propriétaire de la marque est le même dans les deux cas: pourquoi voir là deux droits différents; pourquoi punir l'usurpation de façon dissemblable; pourquoi ne pas instituer, pour les noms comme pour les marques, une procédure analogue pour arriver à la preuve des fraudes? On s'est demandé s'il fallait pousser l'assimilation qu'il est désirable de voir établir entre les marques et les noms, jusqu'à exiger que ces derniers fussent soumis à un enregistrement analogue à celui que la loi de 1857 institue pour les marques emblématiques? Cette idée est une importation d'Allemagne. Dans ce pays, en effet, les commerçants font inscrire leur raison sociale ou simplement leur nom sur un registre dit des firmes. C'est cette inscription qui porte à la connaissance des tiers leur personnalité commerciale; ils n'ont droit de faire respecter leurs noms que s'ils ont été soumis à l'enregistrement. Le projet de loi, en ce moment à l'étude en France, a emprunté cette idée à la loi des firmes allemande.

L'article 13 du projet (rapport de M. Dietz-Monnin, annexe au procès-verbal de la séance du Sénat du 13 décembre 1887) est ainsi conçu :

« La propriété d'un nom commercial ou d'une raison de commerce appartient à celui qui, le premier, en a fait usage.

Le nom commercial et la raison de commerce sont soumis à une déclaration préalable effectuée au Dépôt central, dans les conditions prescrites par l'art. 5....

« A défaut de cette déclaration, l'ayant droit ne pourra invoquer que les dispositions de l'article 1382 du Code civil. »

Ainsi, le bénéfice de la loi spéciale est refusé aux noms qu'on n'a pas fait enregistrer.

Un pareil sytème constituerait une grosse innovation dans notre législation. Pour justifier le projet ainsi conçu, le rapporteur fait valoir l'utilité qu'il y aurait, pour les nombreuses personnes portant des noms identiques, à pouvoir s'obliger entre elles à introduire, dans l'emploi de ces noms comme marques, des modifications susceptibles de prévenir la confusion. Ainsi, il cite la longue liste des Dupont et des Durand qu'on trouve dans l'almanach Bottin, et entre lesquels la confusion est presque inévitable, quand ils exercent une profession analogue. Avec le système proposé par les auteurs du projet, le premier Dupont qui aurait fait enregistrer son nom pourrait obliger les autres à faire suivre le leur d'un signe ou d'un mot quelconque, capable d'avertir les consommateurs que les produits marqués ne sortent pas de la première maison Dupont.

Faut-il approuver ce système ? A coup sûr il serait de nature à troubler bien des habitudes commerciales, à froisser bien des intérêts. Cette considéra-

tion ne suffirait pas à elle seule pour nous faire rejeter la proposition, si, en elle-même, elle présentait
des avantages suffisants pour compenser le trouble
momentané que produirait l'introduction dans notre
loi de ce nouveau principe. Mais il est permis de
mettre en doute l'efficacité de la mesure projetée.
Il nous semble que les tribunaux sont suffisamment
armés pour punir (en appliquant l'article 1382 du
Code civil) les fraudes portant sur l'emploi inten-
tionnel d'homonymes, dans le but d'égarer les consommateurs. Le pouvoir discrétionnaire accordé aux
magistrats en cette matière nous paraît moins re-
doutable que l'organisation d'un registre spécial,
qui permettra souvent aux contrefacteurs (malgré le
vœu des auteurs de l'article, qui veulent faire dépendre le droit au nom de la priorité d'usage et non de
l'antériorité d'enregistrement) de s'assurer, en remplissant les formalités prescrites, l'impunité d'usurpation d'un nom qu'on pourra difficilement prouver
avoir porté avant eux.

A un autre point de vue, nous trouvons que ce
système pousse trop loin l'assimilation des noms aux
marques. La marque, en effet, est la plupart du temps
empruntée à des signes du domaine public; celui qui
l'emploie le premier a besoin d'affirmer son droit par
le dépôt, de faire sortir ainsi l'emblème du patrimoine commun. Le nom, au contraire, constitue la
propriété la plus individuelle qu'on puisse voir, puisqu'il est le symbole même de l'individualité; en le

portant, on n'empiète pas sur les droits du domaine
public, on ne lui prend rien ; pourquoi serait-on tenu
de signifier aux tiers cette prise de possession ? S'il
existe des homonymes avec lesquels la confusion est
possible, les tribunaux les obligeront, dans les rapports commerciaux, à prendre les mesures propres
à éviter la confusion. Là doit s'arrêter, à notre avis,
la réglementation positive de l'usage que chacun
peut faire de son nom.

Ajoutons que la réforme proposée est en contradiction formelle avec le texte de la Convention de
1883. Celle-ci, en effet, déclare que, dans tous les
États contractants, le nom commercial sera protégé
sans obligation de dépôt.

Le rapporteur croit répondre victorieusement à
cette objection, en disant que les étrangers membres
de l'Union jouiront du droit d'invoquer l'article 1382
du Code civil, à défaut de la loi spéciale en préparation. Cette réponse ne nous satisfait pas. La Convention ne dit-elle pas, dans son article 2 : « Les sujets ou citoyens de chacun des États contractants
jouiront dans tous les autres États de l'Union, en ce
qui concerne.... le nom commercial, des avantages
que les lois respectives accordent actuellement *ou
accorderont par la suite* aux nationaux. » En admettant que l'article 8 soit respecté par l'interprétation
du rapporteur, ce qui est fort douteux en présence
de son texte formel, il faudrait, pour rester dans les
termes de l'article 2, permettre aux étrangers mem-

bres de l'Union de faire enregistrer leurs noms en
France. La proposition ne semble pas impliquer ce
droit. Le texte proposé viole donc soit l'article 8 de
la Convention, en n'accordant pas aux étrangers le
droit de faire respecter par la loi spéciale leur nom
commercial indépendamment de tout dépôt, soit
l'article 2, en n'ouvrant pas pour eux le registre de
l'enregistrement.

Enfin, à tous les points de vue, la prétendue réforme qu'on veut introduire est dangereuse ; elle introduit dans une matière, qui peut à cet égard se
passer de réglementation, l'enchevêtrement inutile
des formalités administratives, dont les habiles ne
manqueront jamais de tirer parti aux dépens de la
bonne foi commerciale ; de plus, elle est contraire
aux engagements internationaux.

Les rapports commerciaux, on l'a reconnu depuis
longtemps, sont plus gênés que protégés par une
réglementation trop compliquée. L'usage et la sagesse des tribunaux suffisent le plus souvent pour
assurer les droits de chacun, et la loi ne doit intervenir que lorsque l'impuissance de la jurisprudence
est démontrée. Il n'en est pas ainsi fort heureusement
en notre matière. Dès lors, laissons aux nations
étrangères les institutions compliquées qui peuvent
leur convenir, mais dont le besoin ne se fait pas sen-
tir chez nous. N'imitons pas pour le plaisir d'imiter,
et gardons-nous de cette croyance que tout est
mieux de l'autre côté de la frontière. Ne modifions

notre législation que pour l'améliorer, ne confondons pas les changements avec les réformes.

C'est seulement au point de vue de la nécessité du dépôt que nous refusons d'assimiler les noms aux marques. Sur tous les autres points, nous désirons voir l'uniformité de réglementation consacrée par les lois futures. Nous approuvons le projet de loi, quand il admet pour les étrangers les mêmes principes, le même critérium de protection, dans ces deux branches de la propriété industrielle.

Le projet s'en tient encore au principe de la réciprocité, qui semble bien étroit en présence des législations anglaise et italienne, et même hollandaise, sur les marques. Si la constitution de l'Union n'avait pas modifié dans une certaine mesure les rapports internationaux, nous n'hésiterions pas à blâmer l'esprit étroit qui a présidé à la rédaction de cette disposition. Au point de vue rationnel, il est impossible de refuser aux étrangers la jouissance et l'exercice de leurs droits sur les marques ou les noms, même en cas de non-réciprocité. Ces droits, nous l'avons vu, ne sont que l'accessoire du droit de faire le commerce ; il est impossible de les dénier à ceux qu'on admet sur le marché national. Mais l'extension du bénéfice de la loi spéciale à tous les étrangers sans exception aurait, il faut le reconnaître, le désavantage de supprimer une grande partie de l'intérêt que les États étrangers ont à signer des conventions diplomatiques et en particulier le traité d'Union; or, nous considérons comme éminemment souhaitable que le plus grand nombre possible de pays civilisés fassent accession à la Convention de 1883, qui nous paraît l'instrument de progrès le plus puissant pour la répression internationale des usurpations de propriété industrielle. En faveur de ce résultat, nous croyons qu'il est pardonnable de faire fléchir légèrement les principes qui nous paraîtraient seuls admissibles, si la Convention n'existait pas.

Un autre point sur lequel les discussions ont plus particulièrement porté depuis quelques années, c'est la nécessité d'assurer aux indications de provenance une protection suffisante ; on a cherché à empêcher notamment l'apposition frauduleuse des mots *produits français, articles français* ou autres analogues, sur les produits fabriqués à l'étranger. La loi de 1824 présente au moins quelque obscurité à cet égard. Il est douteux qu'on puisse punir en vertu de cette loi l'emploi frauduleux des indications ci-dessus, qui ne portent pas, à proprement parler, sur un lieu de fabrication au vrai sens du mot. Nous savons qu'une proposition de M. Bozerian, tendant à réprimer ce genre de fraude, avait été déposée au Sénat en 1886, et qu'elle avait donné lieu à l'étude d'une réforme complète de la législation des marques et des noms. Peut-être ne trouvera-t-on pas dans cette voie la solution au problème qui se pose. Nous pensons que la fraude qu'on veut punir ne sera efficacement répri-

mée que lorsque les commerçants et les fabricants
français se seront entendus pour adopter, ou qu'une
loi aura institué un signe unique, véritable drapeau
des intérêts nationaux dans la lutte commerciale,
signe dont la contrefaçon sera énergiquement punie
par une législation spéciale.

La loi de 1873 avait, nous le savons, cherché à
réaliser en partie ce problème, mais elle avait mis
à l'apposition des timbres et poinçons de l'Etat un
prix trop élevé, qui empêcha les propriétaires de
marques de solliciter la protection offerte. De plus,
la peine édictée contre les contrefacteurs, coupables
alors de crimes et non plus de délits, était vraiment trop forte et aurait certainement abouti à
l'impunité de bien des usurpations, les juridictions
saisies reculant ordinairement devant l'application
d'une peine disproportionnée.

Ce que le législateur n'avait pas su réaliser, l'initiative privé l'a tenté. Une société, reconnue d'utilité publique par un décret du 28 mai 1877, l'Union
des fabricants pour la protection internationale de
la propriété industrielle, a cherché à résoudre le
problème du signe national unique, certifiant l'authenticité de provenance. Elle a créé un cachet destiné à être apposé sur des produits exclusivement
français, à côté de la marque individuelle du fabricant. Ce cachet n'est apposé qu'à bon escient, après
certitude acquise que la marque présentée n'est pas
elle-même une contrefaçon. Ainsi se trouve évité un

des inconvénients de la loi de 1873. D'après cette loi, en effet, toute marque déposée pouvait être revêtue de l'estampillage officiel ; aucune garantie d'authenticité ne résultait donc de cet estampillage, puisque, chez nous, le dépôt n'est pas attributif de propriété, et peut être fait par un contrefacteur. Le contrôle qu'exerce l'Union des fabricants permet donc d'assurer qu'un produit revêtu de son cachet accompagnant une marque n'est pas sorti des mains d'un fraudeur.

A quel titre sera protégé le cachet de l'Union des fabricants ? Il ne constitue pas une marque emblématique, il se compose uniquement du nom de la société. Mais ce nom n'est pas un nom commercial, l'Union des fabricants n'étant pas commerçante. La loi de 1824 ni les lois étrangères sur la matière ne pourront donc lui être appliquées. Si l'usurpation du cachet est punie, c'est uniquement parce qu'il est interdit d'employer le nom d'un tiers sans son autorisation, principe de haute justice, de droit naturel, qui n'a besoin d'être consacré par aucun texte spécial. C'est en partant de cette idée que le Tribunal provincial de Hambourg a condamné à des dommages-intérêts des commerçants allemands, qui avaient usurpé le cachet de l'Union des fabricants. (11 décembre 1886.)

On voit par là combien l'idée du timbre national unique peut rendre de services à notre industrie.

Nous pensons que l'État devrait prendre en main,

aux lieu et place de la société dont nous parlons,
l'intérêt de nos nationaux. Il serait dangereux de
laisser exploiter au profit d'une entreprise particulière, si respectable qu'elle puisse être, une idée
dont l'application importe tant à l'intérêt public.
L'Union des fabricants a sa clientèle, elle n'a pas
toute la clientèle des fabricants français ; on ne
peut lui laisser entre les mains une fonction qui
présente toutes les apparences d'un service public.
Aucune garantie n'est donnée contre ses décisions,
elle accorde son cachet à qui bon lui semble ; en lui
laissant acquérir par l'usage une sorte de monopole
de naturalisation des produits, on lui donnerait une
influence prépondérante sur le commerce d'expor-
tation, un contrôle sans limites. Nous souhaitons
donc que l'État soit substitué à l'Union des fabricants dans la distribution des certificats d'authenticité. Une loi spéciale organiserait le fonctionnement
du nouveau service qu'il faudrait créer, instituerait
un timbre national unique, dont l'apposition pourrait être requise par tout propriétaire d'une marque
non usurpée. On se garderait bien de tomber dans
les exagérations fiscales de 1873.

Ajoutons que le vote d'une pareille loi aurait un
autre avantage. Cette loi, en effet, établirait, cela va
sans dire, des pénalités sévères contre les usurpateurs du timbre officiel. Elle ferait ainsi disparaître
les doutes qui peuvent s'élever, dans l'état actuel de
la législation, sur l'application de la loi de 1824,

dans le cas d'indication comme lieu de provenance d'un pays entier comme la France. Nous ne sommes pas bien certains que la jurisprudence française admettrait le principe suivi par le Tribunal de Hambourg, au sujet du timbre de l'Union des fabricants, et prononcerait des dommages-intérêts contre les imitateurs de ce timbre. Une loi spéciale n'en serait donc que plus désirable.

Il nous semble que, parmi les questions qui vont être étudiées par le Congrès de la propriété industrielle, réuni à Paris à l'occasion de l'Exposition universelle, aucune n'est plus digne de l'attention des savants qui vont être convoqués. Quel pas vers le progrès dans la répression de la fraude internationale, s'il pouvait être convenu que chaque État adoptera pour ses nationaux un timbre unique qui sera respecté dans tous les autres pays! Nulle réforme ne nous paraît plus digne d'être inscrite dans la Convention de 1883 lors de sa première revision.

A côté de cette amélioration considérable que nous n'osons croire prochaine, en dépit des excellentes raisons qui nous la font souhaiter, nous placerons quelques réformes moins importantes, qui ont plutôt trait à l'interprétation qu'à la revision du texte de 1883. Nous voudrions qu'il fût entendu que le délai de priorité accordé à l'inventeur par le traité d'Union ne peut s'ajouter à la durée normale du brevet subséquent d'un brevet pris à l'étranger. Quel a été, en effet, le but de la Convention ? Empê-

cher l'application des règles rigoureuses sur la nouveauté, par un procédé au moyen duquel les deux
brevets seraient réputés pris *le même jour*. A notre
avis, il faudrait prendre comme point de départ du
brevet subséquent la date de la demande du brevet
étranger.

Il nous paraît encore indispensable de réformer,
dans le texte de la Convention, tout ce qui a trait
aux mentions de provenance, et d'adopter comme
article unique le premier article additionnel de la
conférence de Rome, qui punit la fausse indication
dans tous les cas.

Comme on le voit, la tâche des législateurs de
l'avenir est lourde et variée, mais il n'est pas permis de désespérer du progrès, quand on se trouve
en face des résultats obtenus depuis dix ans dans tous
les pays, par suite de l'élan donné à l'étude de la
protection internationale de la propriété industrielle.

POSITIONS

POSITIONS PRISES DANS LA THÈSE ROMAINE

I. — La *querela inofficiosi testamenti* est d'origine coutumière.

II. — La dévolution de la *querela* s'opérait d'ordre à ordre et non de degré à degré.

III. — Quand le donateur avait manifesté l'intention que la 'donation entre vifs s'imputât sur la quarte, il fallait tenir compte de cette volonté. Il n'y a jamais eu de controverse sur ce point en Droit romain.

IV. — Sous Justinien, les frères et sœurs utérins demeuraient exclus de la *querela*.

V. — Les causes d'extinction de la *querela* autres que la renonciation ne s'appliquaient pas à l'action en complément de la quarte.

POSITIONS PRISES EN DEHORS DE LA THÈSE ROMAINE

I. — Le tuteur était tenu, en droit classique, de la *culpa levis in abstracto*.

II. — Le non-usage de l'usufruitier suffisait, sous Justinien, pour éteindre l'usufruit.

III. — La *fidejussio in duriorem causam* est nulle pour le tout.

IV. — Le *fidejussor indemnitatis* ne peut pas être poursuivi avant la discussion du débiteur principal.

POSITIONS PRISES DANS LA THÈSE FRANCAISE

I. — La marque ou le nom commercial d'un étranger appartenant à un pays de non-réciprocité sont protégés par l'art. 1382 du Code civil.

II. — La Convention internationale de 1883 a force de loi.

III. — Les différences entre la loi du 23 juillet 1857 et celle du 28 juillet 1824 ne se justifient pas. Cependant, le nom commercial ne doit pas être assujetti, comme la marque, à la formalité du dépôt.

IV. — L'étranger demandeur, appartenant à un des pays de l'Union, est soumis dans les autres à l'obligation de fournir la caution *judicatum solvi*.

V. — L'État devrait se substituer à l'Union des fabricants, pour l'octroi d'un timbre national unique, destiné à marquer les produits d'origine française.

POSITIONS PRISES EN DEHORS DE LA THÈSE FRANCAISE

ÉCONOMIE POLITIQUE

La propriété intellectuelle doit consister en un droit temporaire.

DROIT CIVIL.

I. — Pour acquérir l'eau d'une source par la prescription, il faut que les travaux apparents dont parle l'art. 642 aient été faits, non point sur le fonds de celui qui prescrit, mais sur le fonds même contre lequel on veut prescrire.

II. — Lorsque le mur mitoyen est une clôture forcée, l'un des copropriétaires ne peut abandonner son droit de mitoyenneté pour se soustraire aux réparations du mur.

III. — Le privilège du vendeur de meubles peut porter sur le prix, lorsque la chose pour laquelle existait le privilège a été vendue.

IV. — La revendication dont parle l'art. 2102-4 ne s'applique qu'au droit de rétention.

DROIT INTERNATIONAL

I. — Les tribunaux français sont compétents, même en matière personnelle, pour connaître d'un différend entre étrangers, pourvu, dans ce cas, que le défendeur n'y fasse point opposition. Mais le tribunal devant lequel la cause est portée n'est point tenu de rester saisi et peut décliner la juridiction.

II. — Dans le cas d'un différend ainsi porté devant un tribunal français par un demandeur étranger, ce dernier peut exiger la caution *judicatum solvi*.

III. — Les articles 2123 du Code civil et 546 du Code de procédure confèrent aux tribunaux français le droit de reviser au fond les jugements étrangers présentés à l'exéquatur, quand ils ont été rendus contre un Français.

Vu par le Président,　　　　*Pour le Doyen.*

Poitiers, 11 juin 1889,　　*Vu par le professeur assesseur.*

C. DE LA MÉNARDIÈRE.　　　　E. PETIT.

Permis d'imprimer :

Poitiers, le 11 juin 1889,

Le Recteur, A.-ED. CHAIGNET.

TABLE DES MATIÈTES

THÈSE ROMAINE

CHAPITRE IV

CHAPITRE V

THÈSE FRANÇAISE

CHAPITRE PRÉLIMINAIRE

PREMIÈRE PARTIE

CHAPITRE II

CHAPITRE III

TROISIÈME PARTIE

6401. — Poitiers Imprimerie Blais, Roy et Cie, 7, rue Victor-Hugo.

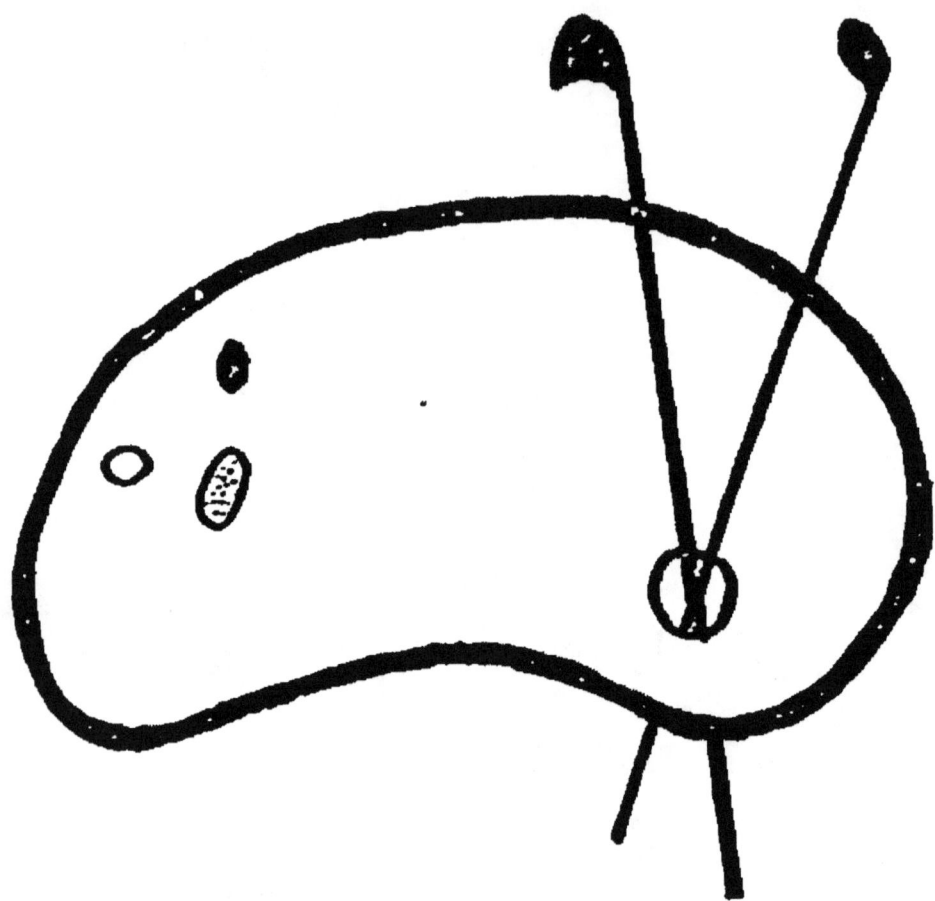

ORIGINAL EN COULEUR
NF Z 43-120-8

www.ingramcontent.com/pod-product-compliance
Lightning Source LLC
Chambersburg PA
CBHW070237200326
41518CB00010B/1601